変人力

常識を飛び越えて成功を掴む45の思考

2022ワールドカップ
日本代表GK
権田修一

ワニブックス

はじめに

よくチームメイトからこんなことを言われます。

「ゴンちゃんって、変わってるよねぇ〜」

たとえば日本代表活動の夕飯時にはみなでいろいろな話をするんですが、たいてい「誰が変わっているか選手権」が始まるんですね。

2022年カタールW杯を目指していたときの日本代表で言うと、川島永嗣さん、長友佑都さん、原口元気の名前がよく挙がっていました。本人が「いやいや、俺は普通でしょ」と否定して笑いに包まれるのがいつもの流れです。

ただし、たくさん名前が挙がりながらも「結局、一番変わっているのはゴンちゃんだよね」というオチで終わることがほとんどでした。

僕からしたら永嗣さんや佑都くんより変わっているように思えないのですが、チームメイトからの印象は違うというわけです。清水エスパルスでも同じような話になると、毎回「ゴンちゃんが一番変わっている」と言われていました。

きっと、みなさんにとっても意外ですよね？

情報バラエティーやニュース番組でコメンテーターを定期的に務めていますし、短髪のヘアスタイルからも真面目な印象を持たれることが多い。道からはみ出す唯我独尊タイプではありません。

では、なぜ「日本代表一の変わり者」と言われるのか。歳を重ねて少しずつわかるようになったのですが、ふとしたときに「それ言う？」「そんな行動をする？」ということがあるからだと思います。

今、身を置いている状況がまさにそうです。

僕は２０２４年12月に清水エスパルスを退団したのですが、焦って次の所属先を決めず、じっくりと次のクラブを選ぶ道を決断しました。２０２６年北中米W杯に出場するという大きな目標があり、ヨーロッパへの移籍を目指しているからです。本書の校了時点でまだ次の所属クラブは決まっていません。

無所属だと収入がなくなるので、普通は不安や焦りを感じるかもしれません。

でも今、僕はめちゃくちゃ毎日が楽しい。個人で練習し、代理人と連絡を取り合って情報をチェックする。エネルギーに満ちた日々をすごしています。

ありがたいことにすでに海外から複数のオファーが届いたのですが、現時点ですべて辞退しました。そのうちの一つは南米からのオファーで魅力を感じる部分もあったのですが、先方としては「長く留まってほしい」という希望だったので断らせて頂きました。

僕は短期間でさらなるステップアップをしたいんです。

収入がなくても未来を想像してワクワクしている。

確かに「変わっている」のかもしれません。


人間関係においても変わっているところがあります。

たとえば清水エスパルス時代、選手たちが秋葉忠宏監督からの指示に戸惑いを感じたらすぐに監督に伝えるようにしていました。詳しくは本章で触れますが、秋葉監督はすごく懐が深く、2時間にわたって激論を交わしたこともありました。それでも気まずい関係にならず、常に手を取り合い続けて2024年にJ2優勝を成し遂げました。

周りの選手からしたら「なんでそんなに切り替えられるの？」と感じていたかもしれませんが、新しい1日が始まったらモヤモヤやわだかまりをすべてリセットするのが僕の流儀。おそらく秋葉監督も同じはず。ある記事で秋葉監督が「ゴンちゃんがいてくれたおかげで、選手たちの受け止め方がわかり、僕自身も成長させてもらった」と語っているのを見て、すごく嬉しかったです。

あえて言語化すると、僕は次のようなことを意識しています。

・常識・慣習にとらわれない
・別角度から物事を見る
・ピンチで生き生きする
・組織の中で異分子になる

これらに共通するのは、人と違うことを恐れないメンタリティー、いわば「変人力」です。みなが黙ってしまうようなシチュエーションでも、口を閉ざすことはありません。ただし、これを発揮するうえで一つ忘れてはいけない心構えがあります。

それは「リスペクト」。

たとえ正論でも、好き勝手にわめき散らすだけでは、ただのワガママな奴になってしまいます。いくらいい発想を持っていても、ならず者や無礼者になってしまったら、人の心を動かせるはずがありません。人と接するときには、相手がそれまでやってきた努力や持っている考えへのリスペクトが不可欠。変人力とリスペクトはセットです。

日本には昔から「出る杭は打たれる」ということわざがあり、現代はますますその傾向が強まっているでしょう。評論家の岡田斗司夫さんは清く美しい発言以外排除される傾向があると指摘し、漂白化される「ホワイト化社会」と名付けました。

しかし、そういう空気に息苦しさを感じている人も多いのではないでしょうか。色のない世界になったらつまらない。個人的に「変人力」は日本を元気にするエネルギーの一つだと確信しています。

本書を通して自分の考えを出しやすくなり、組織の中で輝くきっかけを掴んで頂けたら、サッカー選手として、著者として、これほど嬉しいことはありません。

Contents

第2章 自分らしさと自己成長の変人力

Contents

第3章 挑戦の変人力

第4章　仕事とモチベーションの変人力

第1章

人間関係の変人力

他人の成長は自分のレベルアップのチャンス

企業や団体といった組織で働く人にとって、人間関係で最も難しいことの一つは「嫉妬」のコントロールではないでしょうか。

同期が先に出世したら出遅れたと感じるでしょうし、同期の給料が自分より高くなったら羨ましいと思うのが自然でしょう。

それはサッカー選手も同じです。

特にゴールキーパーはピッチ上に「座席」が一つしかないこともあって、サッカー界で最も嫉妬と向き合うのが難しい立場だと思います。

サッカーに詳しい方はよくご存じだと思うのですが、シーズン中によほどのことがない限り、正ゴールキーパーは変更されません。

やや大袈裟に言えば、最後尾を守るゴールキーパーはチームの土台です。土台をころ替えていたら、チームがぐらぐらしてしまいますよね。シーズンを戦いながら戦術や連係を積み上げたくても、できなくなってしまいます。

正ゴールキーパーが負傷したり、連敗から抜け出せなくなったり、よほどネガティブなアクシデントが起こらない限り、一般的に監督はゴールキーパーの序列を変えません。

プロクラブであれば一般的に4、5人のゴールキーパーが在籍し、実力・実績・年齢に応じて、正ゴールキーパー、第2ゴールキーパー、第3ゴールキーパー、第4ゴールキーパー……という「目に見えない序列」がやんわりと定まります。

もし自分が控えゴールキーパーだったと想像してみてください。

ベンチから、もしくはスタンドから試合を見ながら、どんな心理状態になると思いますか？

「仲間が怪我しろとか、負けろとか、チームのマイナスを少しでも願ったら選手失格、人間失格だ。そんなことは絶対に考えたくない。でもチームが勝ち続ける限り、ほぼ自分に出番は回ってこない……」

初めてその立場になったら、多くの人がそういう心持ちになるのではないかと推測します。

控えゴールキーパーには、究極の心理状態が突き付けられるのです。

けれど、そういう難しい心理状態を乗り越えられるのが、常識にとらわれない「変人」の強みです。

僕がゴールキーパーとして戦う中で身に付けた嫉妬のコントロールの仕方を紹介しましょう。

もちろん僕もプロになってから最初の数年間は、ネガティブな感情にとらわれそうになったことがあります。

特に精神的に追い込まれたのが、2014年ブラジルW杯の出場を目指していた時期です。当時の日本代表には川島永嗣《えいじ》さんという絶対的な守護神がいて、さらに永嗣さんを追う存在として西川周作くんがいました。20代前半の僕は第3ゴールキーパーという位置付けでした。

第3ゴールキーパーは、心身ともに特殊なタフさを求められます。

日本代表への参加は言うまでもなく名誉なのですが、W杯予選といった国外の試合になれば長距離移動が伴います。試合に出られない悔しさを抱えながら移動や時差で体力が削られ、疲れたままクラブに戻らなければなりません。ベストコンディションに持っていくのが難しく、ＦＣ東京で先輩ゴールキーパーにポジションを奪われたこともありました。

自分は日本代表なのに、クラブで控えなのか……。

あのときは本当に悩みました。

周囲からは順調にキャリアアップしているように見えたかもしれませんが、理想と現実のギャップに苦しみ、もがき続けていました。

そんなある日、目の前の霧を一気に吹き飛ばす言葉に出会ったんです。

人気サッカー漫画『GIANT KILLING』の18巻を読んでいるときのことでした。

主人公・達海猛《たつみたけし》監督がみなの前で、エースＦＷ夏木に対して「他人の成長は自分のチャンス」と説明したんです。

達海「最近いいよな。（サブの）上田なんか、このままいけば夏木ぐらいなら追い越しちゃうかもな」

夏木「ど…どういうことスか！」

達海「はっ、なんだよ、喜べよ。俺はチャンスだって言ってんだぜ？」

夏木「どうして上田の奴が俺より上手くなったら、それが俺のチャンスだっていうんですか監督！」

夏木のリアクションにもうなずけます。ライバルＦＷが成長したら、ポジションを失うかもしれないと感じるのが普通でしょう。

しかし、達海監督はもっと俯瞰《ふかん》した長期的な視点を持っていたんです。

達海「お前らはさ……もしライバルが調子落としてポジションが安泰になったら、それで満足か？　これから勝ち抜いていこうってクラブが、そんな選手ばかりで成り立つと思うか？　ライバルや周りの選手が上手くなることを恐れるな。むしろ歓迎しろ。（中略）仲間が上達して自分の立場が脅《おびや》かされることと、自分の実力が向上することは直結してんだ。すなわちこれはチャンスなんだよ」

他人の向上は、自分のレベルアップのチャンス。

日本代表で苦しんでいた僕の心にめちゃくちゃ響きました。

もしライバルが調子を落として自分にチャンスが回ってきたとしても、自分の能力はちっとも上がっていませんよね。もしそうやってミスの連鎖でゴールキーパーが次々に入れ替わったら、チームのレベルはらせん階段を降りるように下がっていってしまいます。

他人のレベルダウンを望んでいたら、自分もチームも競争力を失ってしまう。

一方、レベルアップしたライバルを自分が追い越せたら、自分もチームもどんどん成長できます。

仲間の活躍を喜び、自分のエネルギーに換える。

そんな聖人君子になれないよと思うかもしれませんが、そこは人とは異なる感覚を持つ変人です。

自分を変人だと思えば、きっとそう考えられるようになります。

気持ちをチームにリンクさせる

仲間との「競争」に関して、僕には試合に向けたルーティンがあります。

練習では全力でライバルに挑み、ひとたび先発が発表されて自分が控えの立場になったら、仲間を全力で応援するというルーティンです。

2018年カタールW杯を目指して、日本代表でプレーしていたときを例にしましょう。当時、絶対的な正ゴールキーパーは決まっていない状態で、川島永嗣さん、ダン（シュミット・ダニエル）たちとしのぎを削っていました。

もちろんターンオーバーなどの理由で「自分は出ないだろうな」と薄々わかる試合もあります。紅白戦の人選で事前にわかることもあります。

けれども、「最初からサブを受け入れて参加する選手は日本代表に必要ない」というのが僕の持論です。最初から先発を諦めたら、日の丸を背負う資格がないと考えていました。

だから可能性の大小にかかわらず、常に「絶対に自分が試合に出るんだ」というギラギラした気持ちで日本代表の練習に臨んでいました。ときには近づきづらいオーラを発するので、スタッフからしたら面倒くさい奴だったかもしれません。

ただ、その競争モードも先発メンバーが発表されるまでです。

当時の森保ジャパンでは、試合1、2日前のチームミーティングで先発が発表されていました。プロジェクターを使ってスクリーンに映し出されます。

もし自分の名前がなければ、**僕はその瞬間に競争モードをオフにし、新たなスイッチを入れます。**

仲間を全力で応援&サポートするというスイッチです。

具体的な行動としては、試合前の練習で仲間を盛り上げる声がけをし、ロッカールームでは笑顔で仲間の背中を押し、試合中はベンチから声援を送る。

僕はこの行為を「気持ちをチームにリンクさせる」と呼んでいます。試合当日のロッカールームというのは、選手たちは見てないようで互いの表情を見ているものです。控え選手が不満を抱えていると、ちょっとした表情の変化や仕草で深層心理を読み取られてしまいます。

よく「人は苦しいときに本性が出る」と言われますよね。

僕の経験からも真理だと思います。

「試合に出られないときに、あいつはああいう態度をするんだ」

一度そういうマイナスの印象を持たれると、挽回するのは簡単ではありません。

自分の評価を落とさないためにも、うじうじせず、全力で仲間を応援すべきなのです。

僕も20代前半のときはまだまだ「痩せ我慢」をしなければならないこともありましたが、今では無意識にサポートモードに切り替えられるようになりました。

「気持ちをチームにリンクさせる」行為には、他にもメリットがあります。

いざ自分にチャンスが回ってきたときに、すんなりチームに入ることができるんです。

ゴールキーパーは「勇気」と「リスク回避」のバランスが大切で、「ゴールキーパーがどれだけロングボールに対して前に出るのか」、「どれだけクロスに対して飛び出すのか」など、チームメイトと事前にイメージをすり合わせることが不可欠です。

サッカーは自由度が高くいろいろな状況が起こりうるので、想像以上にコミュニケーションに時間がかかります。試合で失点してから「落とし穴を見落としていた」と気付くこともあります。

けれども、普段から気持ちをチームにリンクさせていると、不思議とコミュニケーションの時間を短縮できるんです。

負けてくれという邪念がなく、心から勝ってほしいと考えていると、勝つために全力で戦っている選手と思考がオーバーラップしていくのでしょう。

先発組を全力で応援することは、次の出番の準備にもなっているのです。


仲間と競争する自分。

仲間を応援する自分。

僕はスイッチによって、二つの自分を切り替えています。

人をひとくくりに扱わない

僕はメンタルの問題で練習すらできず、引退の瀬戸際に立たされたことがあります。２０１５年７月、26歳のときのことでした。

当時、日本代表やＦＣ東京を応援しているサポーターやファンの人たちからしたら、僕はエリートに見えたかもしれません。

高２のときにＦＣ東京の下部組織からトップ昇格を果たし、20歳でＪリーグにデビュー。14歳から年代別の代表に選ばれ、２０１２年にＵ－23日本代表の守護神としてロンドン五輪に出場して４位になり、２０１４年ブラジルＷ杯では大会に臨むメンバーに選ばれました。

ブラジルＷ杯で出番こそ得られませんでしたが、サポーターやファンから次世代の守護神として期待されていたと思います。

しかし、僕自身の自己評価はまったく異なるものでした。

2009年、20歳のプロデビューは自分の実力で掴んだものではなく、正ゴールキーパーの塩田仁史さんが体調を崩して回ってきた出番でした。僕はデビューとなった新潟戦で4失点してしまい、続く浦和戦で3失点してしまいます。

それでも城福《じょうふく》浩監督が辛抱強く使ってくれてカップ戦（ナビスコカップ。現ルヴァンカップ）こそ優勝できたんですが、J1では5位という不完全燃焼に終わりました。僕のミスが少なかったらもっと上位に行けたのではないか。そんな自己嫌悪にかられました。

そして2010年にJ1で16位になり、J2へ降格してしまいます。

「J2なのに日本代表に選ばれていいのか……」

「なんで、もっとうまくなれないんだろう……」

ずっとそんな葛藤を抱えながらプレーしていました。

自分に厳しすぎたのかもしれません。自分を追い込みすぎていました。

2015年夏、蓄積した負のエネルギーが爆発してしまいます。

引き金の一つになったのは、6月16日の日本代表対シンガポール代表でベンチ外になったことでした。

当時、日本代表には4人のゴールキーパーが選出されていましたが、試合当日にメンバー入りできるのは3人のみ。外れた1人はスタンドから観戦しなければなりません。誰が外れるのか……ヴァイッド・ハリルホジッチ監督（当時）がベンチ外に指名したのは僕でした。

後ろからハンマーで殴られたようなショックを受けました。

皮肉なことに、2015年の前半戦はキャリアで初めて自分に自信を持てていました。「チームを勝たせられた」と思える試合が増え、サッカー専門紙『エルゴラッソ』の上半期のMVPに選ばれました。「積み重ねが身になってきた」。そう感じ始めていました。

しかし自己評価が高くなっていた分、他者評価が低かったときのショックが大きくなってしまったんです。ずっと自信を持てなかった人間が、初めて自信を持った瞬間にどん底に突き落とされました。

ここで僕はさらなるミスを犯してしまいます。メンタルが不調だったにもかかわらず、練習量を上げてしまったんです。心だけでなく、体まで痛めつけてしまいました。

「もう練習に行きたくない」

心が悲鳴を上げました。

それでも練習を休めず、試合がやってきます。次第にゴールキーパーコーチの練習内容すら疑い始め、すべてが信じられなくなりました。

そして2015年7月29日のベガルタ仙台戦がやってきます。

試合を終えたらリーグが一時中断となり、僕は日本代表に合流する予定になっていました。

僕はもはや普通の状態ではなく、意識がもうろうとしたままピッチに立っていました。信じられないんですが、初めて試合中に「負けてもいい」という気持ちが湧き上がってきました。「このプレッシャーから解放されたい」と思ったんです。

気持ちがどんどん試合から離れ、3対1で勝ったものの少しも嬉しくありませんでした。僕はFC東京の下部組織で育ち、FC東京が大好きです。それなのに、そう思ってしまう精神状態に陥っていました。

もはや限界でした。

「すみません、もう無理です」

僕は日本代表の辞退を申し入れました。


医師の診察を受けたところ、オーバートレーニング症候群と診断されました。

過度なトレーニングによる慢性疲労状態で、一般的に安静時心拍数の上昇、高血圧、体重減少、原因不明の筋肉痛、不眠、食欲低下、集中力の低下、モチベーションの喪失といった症状が現れます。

ただし、人によって症状はさまざまで、医学的にも生理学的にもわかっていないことが多く、研究者からさまざまな仮説が出されているのが現状です。

僕の感覚で言えば、「うつ病」の一種です。

夜に寝られないのに、朝になると起きられない。病気を公表したあとの2日間はベッドから起き上がることすらできませんでした。とにかく無気力で、何もしたくない。

本気で引退を考え、焼肉店を経営している先輩に「引退したらアルバイトで雇ってくれますか？」と相談したくらいです。

出口が見えない暗いトンネルを這って進んでいる感覚でした。

その後、妻と息子、ジム『ＪＰＥＣ』を運営する元アメリカンフットボール選手の河口正史さん、ＳＶホルンのみなさんに助けられ、僕はトンネルを抜け出すことができました。その過程で気がついたのが、「人をひとくくりにしてはいけない」ということです。

オーバートレーニング症候群のとき、最もつらかったのは「１カ月くらい休めば治るんでしょ？」という思い込みを持たれることでした。

オーバートレーニング症候群は心と体の問題なので、そんな単純なものではありません。どれくらいで治るというめどはありません。

しかし、練習場に少し顔を出しただけでメディアから復帰間近と書かれてしまいます。重圧を感じ、再び練習場へ行きづらくなりました。

メンタルトレーナーの指導も受けたのですが、「カウンセリングを受けたら、必ず良くならなきゃいけない」と感じて足が遠のきました。

その過程の中で気がついたんです。

人をひとくくりにしてはいけない、と。

病気になったとき、ひとくくりに扱われることがものすごく嫌でした。

自分がされて嫌なことは、相手にするべきではないでしょう。

コミュニケーションにおいて、人は一人一人違うという前提に立つことを心がけています。

他人の振る舞いに無駄なストレスを感じない

かつて僕には、対人関係においてある欠点がありました。

それは「自分に厳しく、他人にも厳しい」ということです。

チームメイトがプライベートでタバコを吸い、試合の2、3日前に夜に飲みに出かけたとしましょう。僕はそういう行動を耳にすると「なぜわざわざパフォーマンスが下がるようなことをするの？」とイライラしていました。

僕はシーズン中、お酒を一滴も口にしません。お酒を飲むとアルコールの分解に体内の水分が使われ、怪我や疲労の回復が遅れるからです。

出場機会が少ない選手が、練習に集中していないのを見てもイライラしていました。

とにかく基準を満たさない「他人の振る舞い」にストレスを感じていたんです。

よく「変えられないこと」は気にせず、「変えられること」だけに集中しろと言いますよね。

ただ、仕事の同僚というのは「変えられないこと」と「変えられること」の中間にあり、うまく働きかければ行動を改められる可能性がある。それだけに必死になってしまう自分がいました。

けれど、オーバートレーニング症候群を克服する過程で、僕の中で変化が生まれます。他人の振る舞いにストレスを感じなくなったんです。

オーバートレーニング症候群克服の後押しになったのが、2016年1月のFC東京からSVホルン（オーストリア）への移籍でした。

この移籍は日本代表のチームメイトである本田圭佑《けいすけ》さんからのオファーがきっかけです。当時、圭佑くんはホルンの実質的なオーナーを務めており、復帰を目指していた僕に「ゴンちゃんの力を貸してほしい」と声をかけてくれたんです。

「圭佑くんの気持ちに応えたい！」

挑戦心が燃え上がりました。

ホルンは当時オーストリア3部でしたが、そんなことはまったく気になりません。どん底から這い上がろうとする自分が再スタートを切るのにふさわしい場所だと思いました。


オーストリア3部の環境は驚きの連続でした。

合宿先にバスで9時間移動して翌日すぐに練習試合をしたり、芝生の状態が悪くてピッチを求めて転々としたり。疲労回復に欠かせないバスタブを確保するのにも苦労しました。いかに日本で恵まれた環境にいたのかを痛感しました。

文化の違いにも直面しました。

日本では試合前に消化にいいうどんやおにぎりを食べるのが一般的なのですが、ホルンの選手たちは平気で生ハムを口にしていたんです。

「え、試合前に生モノ？」

あたることはないにせよ、消化が良いとは言えません。選手たちの無頓着さに驚かされました。

そして克服への最後の一押しになったのが「右足骨折」でした。

僕は2016年3月4日のラピッド・ウィーンⅡ戦でオーストリア3部デビューを果たしましたが、その1週間後のオベルワート戦で飛び出した際に相手と正面からぶつかり、右足のけい骨（すねの太い骨）を骨折してしまったんです。

加入2試合目での大怪我――。

何をしにオーストリアまで来たのか……頭が真っ白になりました。


この大怪我が結果的に固定観念を粉々に叩き割ってくれました。

日本に帰って手術を受ける選択肢もありましたが、ゼロからやり直そうと決意し、オーストリアで手術を受けます。強制的に休まざるをえない状況になりました。

もはや他人に構っている余裕なんてありません。同じように周囲も僕に干渉してこない。無頓着な環境ですごしているうちに、他人の行動にストレスを感じなくなりました。

僕のリハビリ中、仲間はホルンをオーストリア2部へ昇格させてくれました。僕は8月に復帰し、オーストリア2部で15試合に出場することができました。

「サッカーが楽しい」

再び心からそう思えるようになりました。

僕は自分にベクトルを向けているつもりでしたが、まだまだ甘さがあった。それがオーバートレーニング症候群、右足骨折、欧州生活を経験し、**100%自分にベクトルを向けられるようになったんです。**

チームメイトが「プロとしてどうなの？」という振る舞いをしても、もう無駄なストレスを覚えません。

人は人、自分は自分。いい意味で線引きできるようになりました。

人を変えようとせず、変われるヒントを与える

「他人の振る舞いに無駄なストレスを感じない」と言うと、僕がチームメイトの成長を諦めてしまったと思われるかもしれません。

むしろその逆です。

僕は全員の成長を後押ししたいと考えています。

ただし、無理に変えようとしても人は変わらないですよね。

心がけているのが「自ら変われるヒントを与える」ことです。

この考えが自分の中で明確になったのは、清水エスパルスに入団してからでした。少し長くなりますが、ホルン退団後、サガン鳥栖とポルトガルのポルティモネンセを経て、エスパルスに至るまでの話をさせてください。

ホルン退団後にヨーロッパで移籍先を探したのですが見つからず、2017年2月、サガン鳥栖への移籍を決断します。無所属になった僕にオファーをくれた鳥栖に心から感謝しています。試合にもコンスタントに出られました。

しかし、充実した日々を送りながらも、余生を送っているようなモヤモヤがあったんです。

かつてのようなギラギラした向上心が湧いてこず、どこかサッカーへの熱が弱い部分があった。自分が正ゴールキーパーとして試合に出ているのに、普段の練習では「鳥栖の若いゴールキーパーをどうやったら育てられるかな」と考えていました。

再びサッカーを楽しめるようになったものの、まだまだメンタルに不安定な部分を抱えていたのです。のちに妻から「あのときはまだおかしかった」と言われました。

そんな自分を奮い立たせたのが、2018年ロシアW杯メンバーからの落選です。

僕は鳥栖におけるパフォーマンスにより、2017年11月の東アジアE－1サッカー選手権で2年半ぶりに日本代表に復帰しました。とはいえあくまでヨーロッパでプレーしている選手が不在時の招集にすぎず、2018年3月のベルギー遠征では選出外。一般的にロシアW杯のメンバー入りは難しいと見られていたと思います。僕自身も可能性はかなり低いと思っていました。

それでもロシアW杯のメンバーに入れなかったとき、悔しさが込み上げてきたんです。2014年ブラジルW杯後、絶対にロシアの地に立とうと自分自身に誓いました。その思いはどこに行ってしまったのか。猛烈に悔しくなり、もう一度スイッチを入れようと思いました。

そこから徹底的に細部にこだわる「自分」が戻ってきました。

すでに健康的な食事を心がけていましたが、さらに遅延性の食物アレルギーの検査を受け、自分の体に合っているものだけを食べるようにしました。妻が本当にサポートしてくれました。

これらの取り組みのご褒美が、2018年10月の森保ジャパンへの招集だったと思います。2019年1月のアジアカップにも出場できました。

そのアジアカップ期間中、ポルトガル1部のポルティモネンセへの移籍が決定します。

ポルトガルの経験を一言で表すと「ヒリヒリする刺激の連続」です。

ポルティモネンセはポルトガルの中で小さなクラブで、観客を魅了するパスサッカーというよりは現実的な戦い方をするチームでした。

それでも1部に残留するためにいろいろな「知恵」や「工夫」を持っていました。

たとえば当時のポルティモネンセにはU－23ブラジル代表の右アタッカー、ブルーノ・タバタがいました。チームのストロングは彼です。

タバタへいい形でボールを渡すために、ゴールキックになると右サイドバックのエマヌエル・ハックマンが高い位置を取るという約束事がありました。相手の左サイドバックに対してタバタとハックマンで「2人対1人」の状況をつくり、僕がそこにロングパスを蹴り込むんです。

ハックマンは背が高く（187センチ）ヘディングが強いので、おもしろいようにタバタにボールが渡りました。すごく単純な連係ですが実に効果的でした。

僕はロングパスの成功率をパフォーマンスの指標にしているんですが、こういう工夫によってポルティモネンセでは高い数値をキープできました。

スポルティング、FCポルト、ベンフィカと対戦し、ヨーロッパの名門クラブのレベルも体感できました。これら名門にいるFWたちはオフサイドラインとの駆け引きがうまく、ぎりぎりで裏のスペースへ出てくる。裏のスペースをカバーする力が磨かれました。

19−20シーズンは監督交代によって途中からレギュラーに定着し、リーグ戦で14試合に先発することができました。

20−21シーズンはブラジル人ゴールキーパーのサムエウ・ポルトゥガウ（現FCポルト）が加入し、僕はポジション争いに敗れてしまいます。ただ、その期間も決して苦しい日々ではありませんでした。

ポルトゥガウは足元の技術がめちゃくちゃ高いゴールキーパーで、僕はよく「マンチェスター・シティのエデルソンよりうまい！」と本人に言っていました。のちにFCポルトへステップアップしたことが能力の高さを証明しています。

練習でレベルの高いライバルとしのぎを削り、試合に出られなくても成長しているのを実感できました。

最終的に清水エスパルスから熱心に誘って頂き、僕は２０２０年12月末にエスパルスへ加入しました。

ＦＣ東京でお世話になった大熊清さんがエスパルスのゼネラルマネージャー兼サッカー事業本部長を務めていたことも大きな要因でした。大熊さんから「うちはおとなしい選手が多い。ゴンちゃんのエネルギーでエスパルスを変えてくれ」と言われて心が動いたんです。

そのとき僕は31歳。

かつてはプロ精神が欠けている選手がいたら行動を改めるように働きかけ、変わらなければイライラしていました。しかし、オーバートレーニング症候群や海外生活を経験して人間的に幅が広がったのでしょう。

エスパルスに加入後、次のように考えられるようになりました。

「人は変えようとしても変わらない。変われるヒントを与えた方がいい」

結局、自分もそうなんですが、人は自分で気がつかないと本当の意味で変われませんよね。いろいろメリットを示して「変わった方が得かも」と思わせるのが一番効果的です。

たとえば、練習前に自分で体のケアをできない若手がいたとしましょう。そういう若手はたいてい練習前にフィジオテラピストにマッサージをお願いし、人の手で体をほぐしてから練習に臨みます。

けれども、みながそういうスタンスだったらフィジオテラピストがパンクしてしまいます。また、ヨーロッパへ移籍したら頼める環境があるかわかりません。僕の経験上、自分でトレーナーを帯同させない限りほぼ無理です。

ストレッチやエクササイズの手順さえ覚えれば、練習前の準備は自分でできるものです。僕は基本的に練習前にフィジオテラピストにマッサージを頼むことはなく、すべて自分でケアしています。

しかし先ほど書いたように、若手に「マッサージを受けず、自分でケアしようぜ」と訴えても、なかなか意識を変えてもらえませんよね。

そこで僕はエスパルスにおいて「背中で見せる」ようにしていました。

練習開始の1時間前にクラブハウスに到着してストレッチやエクササイズを行い、「これをやると調子がいいんだよなあ。興味があったら一緒にやらない?」とメリットを示して、少しずつ賛同者を増やしていったんです。

多くの若手が自ら気がついて変わってくれました。

これはイソップ寓話の『北風と太陽』と同じ。旅人のマントを強風で無理やり脱がすよりも、じりじりとした太陽の熱で自ら脱いでもらう方が、真の変化を達成できます。

陰口を聞いたら、反対の視点をぼそっとつぶやく

試合に出られず、監督の陰口を言う。

試合でうまくいかなかったときに、戦術の文句を言う。

サッカー界の「あるある」の一つです。

ベクトルを自分に向けなきゃいけないとわかっていても、「あの監督はわかっていない」と考えてしまいがちです。

愚痴《ぐち》を言っても何も生まれないのですが、選手が集まるとついつい陰口で盛り上がってしまう。もしかしたら一般の会社でも同じでしょうか。

そういうとき僕は愚痴をさえぎることはしません。ネガティブな感情を吐き出し、胸のつかえを取り除いてすっきりすることもときには必要です。

ただし、愚痴を言っている人に、自分にベクトルを向けてほしいという思いもある。そこである程度話を聞いたら、さりげなくつぶやく形で「監督にはこういう考えがあるのかもよ」と伝えるようにしています。

たとえば若手が「なんか使ってもらえなくて……」と愚痴をこぼしたとしましょう。そういうときに僕は次のように返します。

「でも俺らは監督を選べないからね。だからと言って適当なプレーをしたら、チームメイトやコーチングスタッフからの評価を落としてしまうと思うよ。あいつは厳しい状況に陥ると逃げる奴だってね。しっかり踏ん張って、自分の課題と向き合ったら絶対に評価が上がるでしょ。もし課題がわからないなら監督に直接聞けばいい。もし俺でいいなら、俺が思っている課題を言うよ。それを踏まえてやればいいいんじゃないかな」

もちろん「人をひとくくりに扱わない」の項目で書いたように、相手によって伝え方を変えます。

相手がもし将来日本代表を目指せるポテンシャルを持っていたら、もっとストレートな言い方で伝えることもあります。「もっとできるでしょ」という感じで。

僕が陰口を好まないのは、自分自身が裏でこそこそ言われるのが嫌だからです。これはもう生まれつきの性格で、「前から思っていたんだけど……」という言い方が子供のときから苦手です。

中学生時代にそのフレーズを言われて怒りのスイッチが入ってしまった出来事がありました。

給食にカレーライスが出た日のことです。

僕はカレーライスが大好きで、その日の給食をめちゃくちゃ楽しみにしていました。ただ、僕のお皿に盛り付けられたカレーがどうも他の人より少ないように見える。今考えると完全に被害妄想なんですが、給仕役の女子から嫌がらせを受けたと思ってしまったんです。

僕が抗議すると言い合いになり、その女子が「前から思っていたんだけど、権田ってさ……」と僕にとっての禁句を口にしました。

当時の僕はものすごく短気で、「なんでそう思ったときに言わなかったの？　ネチネチしすぎだろ？」と怒りを爆発させてしまいました。午後の授業をほったらかして、そのまま家に帰ってしまいました。

同級生に失礼な態度を取ってはいけないし、言うまでもなく無断帰宅はルール違反です。後日、彼女に謝りました。許してもらえたかはわかりませんが、いまだに地元の集まりがあると彼女を含めた女子陣からこの一件をいじられています。

僕の行動は褒められませんが、裏でこそこそ言われると人は傷つく。身をもってそれを知りました。

陰口を秘密警察のように取り締まると息苦しくなるので、一定のガス抜きは必要でしょう。ただ、愚痴が蔓延すると間違いなく組織はすさみます。

みなで愚痴に対してぼそっと反対意見をつぶやけると、愚痴を言った人も傷つかず、自浄作用が生まれて組織が前へ進みやすくなるはずです。

自分軸とチーム軸の両方で考える

どの選手にもパブリックイメージがあると思います。僕の場合、よくこう声をかけられます。

「権田選手って優等生タイプですよね？　学生のときに学級委員長をやっていましたか？」

いえいえ、完全に勘違いです。

中3の後期に一度だけ学級委員長をやったことがありますが、球技大会で僕の好きなサッカーとバスケットボールを採用したいというよこしまな目的があったからです。だってカレーライスの盛り付けが少ないだけで帰宅してしまうんですよ。絶対に優等生ではありません（笑）。

授業中も先生は扱いづらかったと思います。

僕は中学生のとき、授業が終わるとすぐにＦＣ東京Ｕ－15の練習場へ移動しなければならなかったので、なかなか勉強する時間を取れませんでした。「せめて授業だけは寝ずに先生の話を聞こう」と心がけ、その点は真面目だったかもしれません。

しかし、優等生とは言えませんでした。

先生が板書する際、機械ではないのでどうしても誤字が出ますよね。なぜか当時の僕は先生の誤字探しに燃えており、見つけたらすぐに手を挙げて「先生、間違っていますよ！」と指摘していました。

嫌がらせをしたかったわけではなく、間違った情報がみなに伝わるのは良くないと思っていただけなんですが、先生はバツが悪かったと思います。

「権田、あれだけは恥ずかしいからやめてくれ」と言われたこともありました。それでもやめずに指摘し続けていました。

非優等生のエピソードを挙げたらキリがありません。

極め付きはＦＣ東京Ｕ－15の試合における「反スポーツ行為」でした。

ハイボールを競り合った際、僕はパンチングでクリアしたんですが、相手ともつれ合ってピッチに倒れ込む形になりました。

立ち上がろうとしたところ、相手がユニフォームを引っ張ってきた。カチンときた僕は振り払いながら、相手の腹に肘打ちを食らわせてしまったんです。

主審から見えておらず退場になりませんでしたが、絶対に許されない振る舞いでした。

正直、僕は調子に乗っていたと思います。

あのまま身勝手な行動を続けていたら、おかしな方向にいってしまっていたかもしれません。

僕が幸運だったのは、ゴールキーパーコーチが全身全霊で叱りつけてくれたことです。

「お前自身はその行為でストレスを発散できるかもしんないが、退場になったらチームにとっては大打撃だ。独りよがりすぎる！」

試合から約1週間、ゴールキーパーコーチは口を利いてくれませんでした。それが僕にとってはすごくショックで、二度と独りよがりな振る舞いをしてはいけないと思いました。

この一件以来、僕は「自分軸」だけでなく、仲間にとってはどうかという「チーム軸」も意識するようになりました。

自分の個性や主張を大事にしながらも、常に頭の片隅でチームにとってはどうかを考える。

「変人」が組織の中で活躍するために不可欠な視点です。

特定の人に情が移りすぎないようにする

組織の中に「変人」がいるメリットは何か？

「はじめに」でも触れたように、最大のメリットは他の人とは異なる視点から突飛なアイデアが出てくることだと思います。

人づてに聞いたのですが、株式会社サイバーエージェント創業者の藤田晋《すすむ》さんは各業界で「変人」と言われる人をあえて登用し、一定の権限を与えるマネジメントをしているそうです。常識にとらわれない発想が事業拡大の原動力になっているのでしょう。

サッカーの試合においても、みなが同じ思考に陥っているときに別の思考をできる選手は貴重です。

攻められ続けてみなが苦しいときに「相手が油断しているぞ」と隙を見つけたり、逆にみなが勝ったと思っているときに「相手が前線の人数を増やしたのにこちらが対応できてないぞ」と気が付けたり。

変人力が高い選手が多ければ多いほど、接戦をものにできると思います。

ただし、いくら人と違う視点を持っていても、ある状況に陥ると思考にブレーキがかかることがあります。

「特定の人に情が移る」という状況です。

僕自身がそれを強く認識したのはポルトガルでプレーしているときでした。

２０１９年１月、僕はポルトガル１部のポルティモネンセへ移籍しました。その半年後、６歳下の安西幸輝が鹿島アントラーズからポルティモネンセへ加わりました。

安西は鹿島時代から日本代表に選ばれており、クラブと日本代表の両方でチームメイトになりました。

僕はチームが失点したとき、ピンチを招いたとき、ミスを仕分けするのを習慣にしています（１４１Ｐ「ミスを仕分けする」の項目で詳しく触れたいと思います）。

なぜ、自分は止められなかったのか。認知、判断、技術という三つの視点から自分のプレーを因数分解します。

その作業が終わったら、次はなぜチームとしてそのプレーが起こったかを考えます。自分に100%ベクトルを向けて自己分析しながらも、チームとしても改善が必要だからです。

その際に大事なのは実績や年齢に関係なく、ミスをミスとして捉えることです。中心選手だろうが、若手だろうが気遣いはNGです。

でも、そこに情が介在すると、目が曇ってしまう可能性があります。

安西がポルティモネンセにやって来ると、ピッチ外で一緒にすごす時間も長くなり、自ずと安西に日本代表でも頑張ってほしいという気持ちが芽生えました。

そうこうするうちに、ふと日本代表の活動中に気がついたんです。

安西に情が入ってしまい、プレーを厳しく見られていないのではないか、と。

クラブで一緒にプレーしているとはいえ、日本代表ではあくまでチームメイトの一人。代表に合流したときに、意識的に情を遮断するスイッチを入れるようにしました。

自分の性格を分析すると、子供のときから情が移りやすいタイプだったと思います。たとえば体育の授業でサッカーをする際、同級生のいいところを探して、どうすれば各自の強みが出るかを考えてプレーしていました。

僕は「自分を伸ばす」のが大好きですが、同じ要領で「人を伸ばす」ことも好きなんだと思います。

しかし、それが行きすぎて、思い入れを持ちすぎてしまう部分がある。

チームとして輝くためにも、組織の中で自分が輝くためにも、誰に対しても肩入れしてはいけないと考えるようになりました。

誤解されないために付け加えると、チームメイトと仲良くしないというわけではありませんよ。むしろその逆で誰とでも仲良くします。ただ、特定の個人に情が移りすぎないように気を付けています。

人に好かれる必要はない

日本代表で十数年間プレーして気がついたことがあります。

それは「万人受けは不可能」ということです。

よくメディアのアンケート企画で「あなたが思う現日本代表のベスト11は？」という企画がありますよね。

２０２２年カタールW杯を目指す道のりにおいて、ゴールキーパーに僕の名前を書く人もいれば、そうでもない人もいました。

普通に考えたら当たり前なんですが、それでも僕はベスト11に自分の名前がないのを見るたびに「信頼されていないのかな」と心がザワザワしていました。

ただ、人ってすごいですよね。何事も慣れるものです。

いつしか「そもそも万人受けなんてあり得ないよな」と開き直れるようになったんで

す。

人に好かれる必要はない。

その気持ちが強くなると、嫌われ役になることも怖くなくなりました。

ミーティングといったみながいる場で、厳しい意見を躊躇《ちゅうちょ》なく伝えられるようになったんです。

2021年から4年間在籍した清水エスパルスにおいて、僕はまさに「嫌われ役」を担っていました。

たとえば2023年4月、シーズン途中に秋葉忠宏監督が就任した当初、秋葉監督は試合を振り返るミーティングで自分たちの失点シーンやミスに触れない傾向がありました。おそらくポジティブなシーンだけを見せて、J2のスタートダッシュに失敗した選手たちに自信を取り戻させたかったんだと思います。

ただし清水エスパルスは1992年のJリーグ発足時に加盟した「オリジナル10」の一つで、日本を代表する名門クラブです。

2022年にJ1で17位になってJ2へ降格してしまい、直近の目標はJ1昇格になっていましたが、J1に復帰してそのまま優勝を狙うくらいの気持ちでいるべきだと僕自身は考えていました。そのためには選手を子供扱いせず、大人扱いすべきです。

僕は秋葉監督のところへ行き、「自信を取り戻すという意図もわかりますが、さらに上のチームを目指して失点シーンも振り返りませんか?」と提案しました。

秋葉監督は僕の意見に賛同してくれて、すぐにミーティングで実行してくれました。


傲慢かもしれませんが、静岡県のサッカーファンの現状認識も変えたいと思いました。静岡県は堀田哲爾《ほったてつじ》先生を筆頭に教員や指導者の方たちの尽力によって日本一のサッカーどころとなり、日本が初めてW杯に出場した1998年フランス大会では日本代表に静岡県出身選手が9人いました。

しかしJリーグ発足によって日本全国で指導のレベルが上がり、静岡が持っていたアドバンテージは相対的に薄まりました。2022年カタール大会では静岡県出身者は1人のみ。依然として静岡には優れた育成システムがあると思いますが、もはや静岡だけではありません。清水エスパルスが再びJ1で輝くために、正しく現状を認識する必要があると思いました。

僕はハレーションを覚悟で、地元メディアに対して「静岡県はもはやサッカーどころではない」と発言しました。

予想通り、サポーターとファンの方から反発の声があがりました。県外から来たよそ者に何がわかるんだと。**でもよそ者だからこそ見えることもあると思います。**

僕はエスパルスの4年間で、静岡県はサッカー熱がヨーロッパのように高く、選手がリスペクトされているのを感じました。一人のサッカー選手としてすごく嬉しかった。ただし同時に、リスペクトのあまり、選手が甘やかされているとも感じたんです。エスパルスがさらに強くなるためには、選手への厳しい目が不可欠です。

そのためにまずは「日本一のサッカーどころ」というプライドを一旦脇に置き、がむしゃらさを取り戻す必要があると思いました。

もともとゴールキーパーというポジションは経験者が少なく、誤解されたり、正しく評価されなかったりするのには慣れっこです。

みなから嫌われたとしても、チームが成長してくれれば本望です。

ね、やっぱ僕って変わっているでしょ（笑）？

いいやり方を見つけたら、すぐにみなと共有する

選手にとって、どんな個人トレーニングに取り組んでいるかは企業秘密の部分があります。

チームメイトとは先発の座を争い、対戦相手とは勝敗を争う。

ライバルを出し抜いて自分だけが成長したいと考えるのが普通です。

「ライバルにマネされたくないんで言えません」

そんなコメントをメディアで耳にしたことがある人もいるんじゃないでしょうか。

ただしすでに書いたように、僕は「自分を育てる」のと同じように「人を育てる」のが好きな人間です。

企業秘密という発想はなく、「いいやり方を見たらすぐにみなと共有する」という習

慣を持っています。

たとえば2023年から清水エスパルスのチームメイトに勧めまくったのが中西哲生さんのトレーニングでした。

中西さんはテレビやラジオで活躍しているので芸能人という印象を持っている方が多いかもしれませんが、実は久保建英《たけふさ》を小学生時代から指導してきた名パーソナルコーチでもあるんです。

呼吸、姿勢、体の左右差などにアプローチし、サッカーのスキルを高めるという「中西メソッド」を確立しています。現在、ヨーロッパでプレーする斉藤光毅や中井卓大《たくひろ》らたくさんの選手を指導し、筑波大学蹴球部のテクニカルアドバイザーも務めています。

中西さんがビジネス映像メディア『PIVOT』でトレーニング法を解説している動画を見て興味を持ち、2024年秋に連絡を取らせて頂きました。

期待通り、1回目から目からウロコが落ちる体験の連続でした。

水が3分の1くらい入ったペットボトルを頭に乗せたまま立ち上がって歩いたり、「キャンセル」と言われたらボールを蹴る動作をやめてボールを後方に引いたり、ターンして目線を切ってから投げられたテニスボールをキャッチしたり。ゴールキーパーとしてだけでなく、一人のアスリートとして新たな扉が開きました。エスパルスのみなに共有しない手はありません。

中西さんに相談したところ、チームメイトたちの参加を快諾してくれました。僕は中西さんのトレーニングを受けるときにエスパルスの若手や中堅を連れていくようになり、学年が僕と同じ乾貴士《たかし》も参加しました。また、エスパルスの若手コーチたちも興味があるということで途中から帯同するようになりました。

ちなみに中西さんは指導料を一切取りません。完全にボランティアです。僕を含めてエスパルスの選手たちに何度も指導して頂き、本当に感謝しています。

情報のシェアによって、自分のライバルがうまくなったとしてもまったく問題ありません。最初の項目で書いたように「他人の成長は自分のレベルアップのチャンス」。ライバルの成長は、自分が上に行くエネルギーを与えてくれます。

何より仲間と未知のことに挑むと、めちゃくちゃ盛り上がるじゃないですか。共通体験によってシンパシーが生まれ、目線がそろいやすくなります。1回の特別エクササイズは、数回の食事会に勝るかもしれません。

これからもいいやり方を見つけたら、どんどん仲間と共有するつもりです。

第2章

自分らしさと自己成長の変人力

休みたいときは休む

競争社会の中で、個性を失わずに成長し続けるために何が重要か？

もしそう聞かれたら僕は「自分を大事にする」と答えます。

自分の感覚に耳を傾け、ノーと言うべきことにはノーと言い、自分に嘘をつかない。

自分を大事にしなければ、体と心が削られ、大きな目標を成し遂げる前に活力がなくなってしまいます。

「自分を大事にする」うえで、僕は意識しているポイントが二つあります。

まずは一つ目のポイント、「休みたいときは休む」について書きたいと思います。


体が休みを欲していたら、しっかり休む。

この考えは、やはりオーバートレーニング症候群の経験が大きく影響しています。

２０１５年、僕は体が疲れているのに「もっとやらなきゃライバルに勝てない」という焦りに駆り立てられ、トレーニングの負荷を上げてしまい、ある日ベッドから起き上がれなくなりました。

頑張ることを義務に思った時点で、思考停止状態に陥っていたんです。意欲も創意工夫もなく、ただやっているだけという状態になったら何も得られません。

休みたいときはしっかり休む。これも成長に必要なプロセスの一つです。

たとえ人から「もっとやらなきゃ」とアドバイスされても、体が疲れていたら休む。立ち止まる勇気が必要です。

言い換えると、「常にイエスとノー、両方の選択肢を持つ」ということでもあります。

たとえば自主練でコーチからあるメニューを提案されたとしましょう。そういうときに何も考えずに取り組むのではなく、僕は「本当に今の自分に必要か」を考えます。

もし自分が目指すゴールキーパー像につながらないと感じたら、「今は必要ないのでやめておきましょう」と率直に伝えるようにしています。

こうやって常にノーと言える環境をつくると、いざイエスとジャッジしたときの覚悟が大きくなります。自分で決断するという過程を経た分、より自分ごとになり、主体的に取り組めるようになります。

食事についても同じです。僕はプロサッカー選手として日々パフォーマンスを上げるための食事を心がけていますが、あまりストイックに追い込みすぎると、気持ちのフレッシュさを失いかねません。そこで週に一度、チートデーを設けています。

家族でレストランに出かけて好きなものを注文するんです。僕はスイーツが好きなのでアイスクリームやケーキといったデザートも楽しみます。

法隆寺の五重塔は創建から約１４００年が経ち、世界最古の木造建築として知られています。いくたの地震や台風に耐えた強さの秘密は、木材の接合に「あそび」がある特殊な構造にあるそうです。

外からのエネルギーをうまく逃すには、一定の「あそび」が大事なのです。

譲れないものを明確にする

「自分を大事にする」うえで意識している二つ目のポイント。

それは「自分の中で譲れないものを明確にする」ことです。

何か大事なことを判断したとき、僕はふと立ち止まって、次のように自問自答する習慣があります。

果たして本当にこれは自分の本心なのか？

誰かの意見に影響されていないか？

失敗が怖くて逃げていないか？

自分で考えたつもりになっていても、意外にそうできていないことがあるからです。

知らず知らずのうちに、本心ではない決断を下している可能性があります。

自分でも気がつかないうちに本心から離れてしまう。

それを防ぐにはどうすればいいか？

僕は自分の中で「譲れないもの」を明確にすることが大事だと考えています。

日々の中で判断するたびに「譲れないもの」と照らし合わせると、判断基準ができ、本心を見失わずにすみます。


では、僕にとって譲れないものとは何か。

それは「日本代表がW杯で優勝するために、世界一のゴールキーパーを目指し続ける」という目標です。日本がW杯で優勝するには世界トップクラスのゴールキーパーが必要です。その存在に自分がなりたい。2022年カタールW杯に出場し、その思いがさらに強くなりました。

2026年北中米W杯で日本代表メンバーに選ばれるには、どこのリーグでプレーしているかが極めて大事です。

2024年11月、僕は清水エスパルスからの退団を発表しました。

2025年、自分はどこでプレーすべきか？

日本に留まってJ1でプレーするという選択肢もありました。

しかし海外の方が目標を実現できる確率が高まります。

僕は「譲れないもの」と照らし合わせ、「海外へ挑戦する。すぐにオファーがなかったとしても、焦って日本のクラブと契約せず、夏まで無所属でいて再び海外移籍を狙う」と決断しました。

浪人生活の怖さはありますが、それでも一度きりの人生。勝負したいと考えました。

譲れないものが明確になると、客観視の質も上がると感じています。

選手が自主練のメニューを自分で考えると、ついつい好きなプレー、得意なプレーばかり盛り込みがちなんですよね。その方が気持ちいいし、伸びている実感を得やすいからです。

しかし理想の自分に近づくには、苦手なプレーにも取り組まなければいけません。譲れないものを明確にしていると、苦手なプレーから逃げている自分に気がつき、メニューを修正できます。本心ではない決断を繰り返している人は、自分を大切にしているとは言えないでしょう。

譲れないものが明確になると、自分を大切にしやすくなります。

「普通はこうだよ」に流されない

２０２４年11月、「清水エスパルスを退団して海外移籍を目指す」と発表したとき、多くの方からこんなアドバイスを受けました。

「その年齢になるとヨーロッパからオファーを掴むのは難しい。決まらなかった場合に備えて、日本でもクラブを探した方がいいんじゃない？」

35歳。これまでの移籍事例に照らし合わせると、確かに簡単ではないでしょう。

ただし、ゴールキーパーは経験がものを言うポジションです。

それほど持久力が求められないため選手寿命が長く、マヌエル・ノイアーは38歳でバイエルン・ミュンヘンの守護神を務めています。「アラフォー」になってもビッグクラブでプレーできるポジションなんです。

それに僕はレベルの高いゴールキーパーがいるクラブであれば、バックアッパーとしての加入でもいいと考えました。刺激を得られて絶対に成長するし、ポジションを奪えたら間違いなく日本代表が近づくからです。

だから助言されると、常に心の中でこう唱えていました。

「普通はこうだよという意見は聞き流せばいい。アドバイスしてくれる人は自分の目標を理解していないのだから」

これは100%自分軸で決断するということでもあります。1%でも他人軸が介在してしまうと、うまくいかなくなったときに必ず後悔します。

たとえば、プレーしているクラブに愛着が生まれ、街自体を好きになり、より上のクラブからのオファーを断ってチームに残ったとしましょう。

うまくいけばいいですが、その後、試合に出られなくなったら「情に流されなきゃ良かった」と悔やむはず。チームにとっても不幸な状態です。

他人のせいにする可能性を排除するためにも、情でチームを決めてはいけません。

僕はエスパルスから契約延長のオファーをもらえませんでしたが、もし打診されていたらいろいろな思いが湧き上がってきたと思います。

駿河湾に面する清水は1年を通して温暖で、ものすごく生活しやすい街です。サッカー熱がヨーロッパのように高く、プレーするやりがいも大きい。家族も街を気に入っていました。

ただ、先ほど書いたように、そういう情をチーム選びに介在させてはいけないと考えています。

自分のために決断しなければ、結果的にクラブにも迷惑をかける。

延長のオファーがあったとしても、やはり海外挑戦を選択したと思います。


高い目標を成し遂げるには、常識を超える必要がある。

「普通はこうだよ」というアドバイスに耳を傾けている時間はありません。

組織の中で「浮く」ではなく「輝く」

周囲と違うことをして浮くのが怖い――。

そんな同調圧力を感じてしまうのはサッカー選手も同じです。

たとえば、用具の片付け。

練習後にゴールポストをみなで運ぶシーンを映像で見たことがあるでしょうか？

チームワークの象徴として、一般的にポジティブに捉えられていると思います。助け合いの精神は尊く、否定するつもりはありません。

しかし日本の場合、たいてい人数が多すぎなんです。

最近のゴールポストは軽量化されているので、5、6人で十分。にもかかわらず、それ以上の人数で運ぶのが日常茶飯事です。人数が足りているからといって手伝わないと、サボっているように見られてしまうからでしょう。

他にも用具がある場合、手分けをした方が早く片付けられるじゃないですか。にもかかわらず、みなでゴールポストを運んでしまう文化があります。

会社で言えば、上司が帰るまで退社できないのと似ているでしょうか。

人目を気にして同じ振る舞いをするのは、絶対に改めるべき日本の悪習です。人と違う行動を「浮く」と捉えるのではなく、「輝く」と捉えるマインドセットが必要です。

では、どうすれば「あいつは浮いている」と思われずにすむのでしょうか。

僕はベースとして「みなに貢献する姿勢」が不可欠だと考えています。

ミーティングで監督に「何か質問があるか？」と聞かれたとき、手を挙げてダメ出しするだけだったら浮いてしまいますよね。けれど修正案や代案があれば、ポジティブに受け取ってもらえるはずです。

一歩間違えれば浮きそうな変人としての発想力を、みなのために生かすという姿勢を示すんです。

ドイツで小さい子供向けのサッカースクールが開催されると、子供たちはこぞってゴールキーパーをやりたがるそうです。

オリバー・カーンやマヌエル・ノイアーといったレジェンドの存在も大きいでしょうが、「一人だけ違うユニフォームを着られる」というのも人気の理由なんだそうです。彼らに一人だけ違ったら浮くという発想はありません。

みなが同じ色に染まっているときこそ、自分の色を出すチャンス。

そういうマインドセットが広がると、日本でも組織で浮かずに輝く人材が増えるはずです。

批判を栄養にする

「ゴンちゃん、お前が言うなよ」という声が聞こえてきそうですが、日本代表は「飛び抜けた変人」の集まりだと思います。

日本代表まで上り詰めてくるような人は、大なり小なり普通ではない一面を持っています。思考を止めず、常識にとらわれず、オリジナルの武器があり、こだわりが強い。規格外のエネルギーを持った人ばかりです。

その一人がFC東京でもチームメイトだった長友佑都さんです。

佑都くんは僕の3歳上ですが、佑都くんは大学在学中に、僕は高校在学中にFC東京とプロ契約したため、入団はほぼ同じ時期でした。僕は2007年1月にFC東京U－18からトップチームに昇格し、佑都くんは同年5月に特別指定選手としてFC東京の練習に初参加しました。２００９年には一緒にナビスコカップ（現ルヴァンカップ）初優勝を果たしました。

日本代表では２０１４年ブラジルW杯と２０１８年カタールW杯にともに臨みました。ブラジルW杯で僕は出番を得られませんでしたが、カタールW杯では全４試合でともに先発しました。

そういう長い付き合いの中で受けた影響は計り知れないですが、僕が最も共感しているのが「批判を栄養にする」という考えです。

日本代表はカタールW杯を目指すアジア最終予選のスタートでつまずき、批判にさらされてしまいます。ホームで迎えた初戦のオマーン戦で思わぬ敗戦を喫し、さらに第３戦にアウェーでサウジアラビアに敗れてしまったのです。僕はゴールキーパーとして大きな責任を感じていました。

そんな中、第８戦のホームのサウジアラビア戦で、佑都くんは追加点をアシストします。試合後、メディアにこう語りました。

「厳しい批判とか、厳しい意見の中に、自分を成長させるチャンスが眠っている。みなさんの批判が僕の心に火を付けてくれた。あらためて批判は自分にとってガソリンであり、必要なものだと思った。自分がダメなときは今後も批判してほしい。厳しい意見をくれる方たちに感謝しています」

この発言を記事で読んだとき、「わかるわー」と膝を打ちました。

子供のときは褒めて伸ばすのが大事かもしれませんが、プロは違います。

厳しく批判されて「何くそっ」と悔しさを味わい、反骨心をエネルギーにする。その繰り返しが選手を強くします。

だから選手にとって、耳障りのいいことを言う人より批判する人の方が有益です。

カタールW杯に向けて「ゴールキーパーは権田で大丈夫なのか？」という声は大会直前まであったと思います。佑都くんと同じく、それが僕に特別なエネルギーを与えてくれました。

批判はガソリン。さすが佑都くん、いいこと言います！

「できないこと」を見つけたら喜ぶ

なぜ権田修一は2022年カタールW杯で日本代表の第1ゴールキーパーに選ばれたのか？

カタールW杯の日本代表にはW杯3大会を経験した川島永嗣さん、ベルギー1部のシントトロイデンでプレーしていたダン（シュミット・ダニエル）がおり、大会までの過程では東京五輪代表の大迫敬介や谷晃生も選出されました。

なぜ清水エスパルスの権田なのか？

多くのサポーターやファンが不思議に思っていたと思います。

どのチームでも先発の選手に対して「なぜ君が先発なのか」という説明は基本的にな

いと思います。サブの選手と異なり、先発の選手は不満を抱きようがないからです。個別に話があったとしても、試合でどんなプレーが望まれているかというタスクの話でしょう。

日本代表も同じです。僕がW杯で先発する際に特に理由は伝えられませんでした。選手としては力を発揮して勝利に貢献するのみ。特に聞こうとも思っていませんでした。ただ、カタールW杯のベスト16で敗退してチームの活動を終えるとき、今後の成長のためにも、自分が起用された理由を知りたくなったんです。

コーチの方が「監督の本心はわからないのであくまで推測」と前置きして、こう教えてくれました。

「ゴンは代表の活動があるたびに、毎回成長して合流していた。そこが本当にすごいと思った。言われた課題を絶対にクリアしてやろうという気持ちが毎回感じられた。それが大きかったんじゃないかな」

課題をクリアし続けるという習慣はこだわっていることだったので、大きな勇気をもらいました。

「できないこと」を見つけると嬉しい。

自分の中でその感覚が強くなったのは、プロ3年目のシーズン後、２００９年12月にイタリアへ短期留学したときでした。

当時20歳だった僕はＦＣ東京の紹介により、イタリア人ゴールキーパーコーチ、エルメス・フルゴーニさんの指導を受けに行きました。パルマの育成部門でジャンルイジ・ブッフォン（名門ユベントスの守護神を務め、イタリア代表として２００６年Ｗ杯で優勝）を育てた方です。

フルゴーニさんとの出会いが、僕のゴールキーパー人生を変えたと言っても過言ではありません。

フルゴーニさんの哲学は「Attacca la palla」（ボールにアタックしろ）。

もともと僕はクロスに対して待つより、前に飛び出してキャッチする方がいいと考えていました。相手のＦＷが触る前にこちらが先に取るという発想です。嬉しいことに、フルゴーニさんもまったく同じ考えだったんです。斬新なメニューの連続で、瞬く間に引き込まれました。

正直、フルゴーニさんの練習は簡単ではなく、ついていくのに必死でした。

でも課題をクリアするたびに成長を実感できるんです。

「できないことができるようになるって、こんなに楽しいんだ！」

子供のようにフルゴーニさんのメニューに打ち込んだのを覚えています。

それからというもの、「自分ができないこと」を意識して探すようになりました。

できないことに取り組んでいると、脳に未知の刺激が入り、アドレナリンが出る。そのおもしろさの虜になったんです。

日本代表の話に戻しましょう。

２０１８年10月、初めて森保ジャパンに招集されたとき、求められたのはゴールキーパーからのビルドアップでした。「センターバックからパスが来たら、ゴールキーパーがワンタッチでボランチにつける」といった組み立てです。

当時の僕は、そういうプレーにあまり慣れていませんでした。所属していたサガン鳥栖のマッシモ・フィッカデンティ監督が、リスクがあるビルドアップは求めていなかったからです。

イタリア人のマッシモはボールロストのリスクを考慮し、ゴールキーパーからボランチへのワンタッチパスはほぼタブーでした。ダイレクトパスはクリアのために使うという感覚です。

けれど、森保監督に求められてできなかったら次の招集はないでしょう。

僕は鳥栖に戻ると、当時所属していた原川力らボランチとコミュニケーションを取り、「練習の中でダイレクトでパスを出すかもしれないから意識しておいて」と伝えました。公式戦でいきなりやったらマッシモに怒られますが、練習なら大丈夫だと考えたんです。

11月に再び日本代表の活動が行われたとき、僕はすでにそれをできるようになっていました。翌年1月のアジアカップにも選ばれました。

「できないこと」を見つけたら喜ぶ。

日々、成長を心から楽しんでいれば、必ず誰かが見つけてくれるはずです。

与えられたことに自分なりの色付けをする

フルゴーニさんの哲学「Attacca la palla」（ボールにアタックしろ）について、もう少し話させてください。

基本的にゴールキーパーは受け身のポジションとされています。シュートを受けるという意味ではその通りでしょう。

ただし感覚としては受け身ではダメで、能動的に「ボールに対してアタックする」という感覚の方がシュートを止められる確率を高められる。それがフルゴーニさんの考えであり、僕の考えでもあります。

クロスに対してアタックするというのは、みなさんもイメージしやすいと思います。

ゴールキーパーが飛び出して右腕を振り上げてパンチングするというような感じです。実はシュートについても同じなんです。ゴールライン上で待ち構えてセーブする場合も、前に出て斜め前に飛ぶイメージです。その方がボールを弾き返すエネルギーが大きくなります。

「ボールに寄る」、「ボールを迎えに行く」と表現する人もいますが、僕の中では「アタック」がやっぱり一番しっくりきます。

飛んで来るボールを迎撃するイメージです。

こういう自分でアクションを起こす姿勢は、何事にも通じると考えています。

たとえば日々の練習におけるゴールキーパートレーニングは、ゴールキーパーコーチが内容を考えます。選手の能力を伸ばすべく、知恵を絞ってくれます。

ただし、「メニューを与えてもらってそれに打ち込む」という受け身の発想だと、成長に限界があります。コーチが考えた以上の能力は身につきません。

コーチの意図を読み取りつつ、練習メニューに自分なりの課題を盛り込んだ方が間違いなく成長できます。たとえば横に飛んでセーブする練習だとしたら、自分の中でスピードにもこだわる。アレンジ力が大切です。

自分で課題を盛り込む力は、マンネリ打破にも有効です。

基礎の維持・向上に反復メニューは不可欠で、マンネリとの戦いでもあります。「またこのメニュー?」と飽きを感じてしまうと、トレーニング効果は激減してしまいます。

そこでアレンジ力の出番です。

基礎練習でも、自分なりの課題を設定できると、新たなメニューとして取り組めます。

与えられたことに、自分なりの色付けをする。

何事も楽しまなきゃ損です。

「当たり前」の質を高める

日本代表は日本でサッカーに関わるすべての人にとって特別な場所です。もちろん僕にとってもそうです。

僕が初めて日本代表に招集されたのは、２０１０年1月6日にアウェーで行われたアジアカップ最終予選・イエメン戦でした。

岡田武史監督（当時）は２０１０年W杯に向けて主力を休ませ、若手発掘の場にしました。なんとメンバー19人中13人が初招集で、平均年齢20・9歳という異例の若さです。

【ＧＫ】西川周作（大分）、※権田修一（ＦＣ東京）

【ＤＦ】※菊地直哉（大分）、槙野智章（広島）、※太田宏介（清水）、※吉田麻也（名古屋）、※村松大輔（湘南）、※酒井高徳（新潟）

【ＭＦ】柏木陽介（広島）、乾貴士（セ大阪）、金崎夢生《むう》（大分）、※青木拓矢（大宮）、※山村和也（流経大）、山田直輝（浦和）、※米本拓司（ＦＣ東京）

【ＦＷ】※平山相太（ＦＣ東京）、※渡邉千真《かずま》（横浜マ）、※永井謙佑（福岡大）、※大迫勇也（鹿島）

※は初招集。括弧内は当時の所属クラブ

普通、初招集の選手は緊張すると思うのですが、僕はほとんど緊張しませんでした。同年代の選手が多いことに加えて、大阪でスタートした合宿初日にゴールキーパーコーチだった加藤好男さんから「基本的に試合は周作が出る予定だから」と告げられていたからです。

飛行機に乗ったときに「ビジネスクラスなんだ！　さすが日本代表！」という感じで、初めてのＡ代表活動を楽しんでいました。

しかし、イエメンに着いてからアクシデントが起こってしまいました。周作くんが練習中に負傷してしまったんです。

通常の日本代表の活動ではゴールキーパーは少なくとも3人招集されるのですが、前述の通り、このときは主力を休ませる狙いもあったので周作くんと僕の2人しか招集されませんでした。

すでに現地入りしており、さらに年末年始なので追加招集も厳しい。

突然、僕しかゴールキーパーがいないという状況に陥ってしまったのです。

「もうお前しかいない。ゴンちゃん、絶対怪我するなよ！」

急に周囲がやさしくなったのをよく覚えています（笑）。

もう2、3日しか時間がなかったので「やるしかない」と腹をくくることができました。

前半に2失点してしまいましたが、途中出場した相太くんのハットトリックで逆転勝利。仲間に恵まれ、デビュー戦で勝利を手にすることができました。

あれから15年が過ぎ、僕は日本代表で計38試合に出場しました。

その中でチームメイトたちから強く感じたのは「当たり前を徹底する力」です。

いかに日本代表選手が当たり前のことを高いクオリティで実行するか。

Jリーグレベルの選手との違いは、基礎的なメニューに表れます。

たとえばセンターバック（もしくはボランチ）がサイドにいるウイングにパスを出し、ウイングが近くにいるMFにボールを当ててワンツーで前進してクロスを上げ、最後に走り込んだFW2人が合わせるという「クロスシュート練習」があったとしましょう。

パススピード。トラップ。ワンツーの落とし。クロス。走り込んでくる選手のスピード感。日本代表ではすべてのアクションの質が高いんです。次のプレーを考えて正確にボールを扱うので、とにかくプレーが速く感じます。

試合を想定するイメトレ力も優れています。

クロスに対して、一人のFWがニアポスト（クロスに近いポスト）付近に走り込み、もう一人のFWが中央に走り込んだとしましょう。

Jクラブの練習の場合、ゴールキーパーがニア側を消すポジションを取ると、たいていニアに走り込んだ選手はスルーを選択するんですね。もう一人の中央に走り込んだFWは絶対にフリーになっているからです。

確かに練習での得点率を競うなら、ニアに走り込んだFWがスルーをする選択は間違っていません。

しかし、実際の試合を想像してください。この練習メニューでは相手ＤＦを置いていませんが、もちろん試合では相手がいます。ニアでスルーしても、中央の選手は高い確率でマークにつかれており、簡単にシュートは打てません。

つまり実戦を想定するなら、ニアに走り込んだＦＷはゴールキーパーにコースを消されても、簡単にクロスをスルーしてはいけないのです。コースを消されても、それでもニアをぶち抜くヘディングの強さを身に付けるべきです。

カタールＷ杯でゴールを決めた浅野拓磨と前田大然は、まさにそのお手本です。

クロスシュート練習の際、どんなに僕がニアでいいポジションを取っても、絶対に自分が決めてやるという意思をみなぎらせてニアに突っ込んで来ます。

いかに当たり前を、当たり前に実行することにこだわれるか。

これは技術ではなく、意識の問題です。

メンタルトレーナーはよく若いアスリートに対して「日本代表になったつもりで日常

を送ろう」と伝えるそうです。

日本代表になったつもりになるだけで、小さなことをなあなあにしそうになったときに踏みとどまり、日常を変えられるからです。

「当たり前」の質を高めると、間違いなく活躍するステージを上げられます。

寝る前に今日何が成長したかを思い出す

日本代表選手の共通点として「当たり前のスタンダードが高い」ことを前項目で挙げました。

他にもたくさん共通点があるので紹介しましょう。

その一つが「うまくなりたいという成長欲」です。

日本代表のステージに上り詰める選手というのは、何事も人のせいにせず、すべて自分にベクトルを向け、「どうしたらうまくなれるか」をずっと考えている印象があります。

一方、日本代表に届かない選手は、やはりベクトルが自分ではなく他者に向いてしまうことがある。自分がクラブチームで出られないことを監督のせいにしたり、サッカーのスタイルが合ってないと考えたり。そういう心持ちだと、成長欲が鈍ってしまいます。

では、どうしたら自分の中で成長欲を継続的に高められるのか？

人によっていろいろなやり方があると思いますが、僕の場合、必ず1日に一つ、わかりやすく成長を感じられるようなことをやるようにしています。

たとえばオフの日だとしましょう。

体を動かせないので、テクニックやフィジカルは伸ばせません。けれど頭なら使えます。そこで英語やスペイン語といった語学を勉強するんです。単語を一つでも覚えたら、それは「成長」です。昨日の自分より、単語一つとはいえ確実に前へ進んだのですから。

清水エスパルス時代には、練習場の行き帰りの車中でビジネス映像メディア『PIVOT』を流し、音声を聴いてマネジメントやリーダーシップについて知識を吸収していました。会社の話を自分の立場に置き換えて、「若手へのアプローチに使えそうだな」と考えるんです。特にサイゼリヤの回が参考になったのですが、その話はまたあとで詳しくしましょう。

さらに成長欲を高めるために、寝る前に「儀式」をします。

ベッドで横になりながら「今日、何が成長したかな」と確認するんです。

自分を褒める時間なので、どんな些細なことだったとしてもその喜びを噛み締めます。

すると「明日も成長しよう」というポジティブな気持ちとともに眠りにつけます。


大きな目標を目指すプロセスでは、当然ハードワークが求められます。重圧が付きものので、長期的な忍耐力が不可欠です。

そういうマラソンのような長期戦だからこそ、日々のポジティブ思考が欠かせません。

ちょっとでも成長したら自分を褒める。

自分の成長を楽しむ姿勢があると、前へ前へ進むエネルギーが自然に湧き上がってくるはずです。

自分が生きる形をつくる

僕は日本代表で15年間プレーし、練習でたくさんの偉大なチームメイトのシュートを受けてきました。

彼らのシュートを受けられたのはゴールキーパーとしての財産です。今回はシュートから読み取れる日本代表の共通点を取り上げたいと思います。

まずはアジア人W杯最多得点記録（4点）を持つ本田圭佑くん。

圭佑くんのシュートを一言で表現すると「嫌なシュート」です。

めちゃくちゃ速いわけでも、厳しいコースを突くわけでもないのになぜか入るんですね。キーパーにとってなんか反応しづらい。僕が経験した中でこういうシュートを打つのはあとにも先にも圭佑くんだけです。

なぜゴールキーパーに嫌だと感じさせるのか？

あらためて振り返ると三つの理由があると思います。

一つ目はミドルシュートをほぼインステップキックで打つこと。

インステップキックは足の甲で蹴る方法で、他の蹴り方に比べて強いストレート性のボールを蹴られる利点があるのですが、コントロールが難しいというデメリットがあります。

その他には主に二つの蹴り方があり、カーブ性の巻くシュートを打つならインフロントキック（親指の付け根付近で蹴る方法）、確実にコースを狙うならインサイドキック（足の内側側面で蹴る方法）が適しています。

そういう選択肢がある中で、とにかく圭佑くんはインステップキックを選ぶんです。間接的に聞いたところによると、強いストレート性のシュートによってゴールキーパーがファンブルするといった「事故」を狙っているんだそうです。はなからきれいに決めるつもりがないわけです。

ちなみに大黒将志さんもインステップで蹴る割合が高い選手でした。

二つ目はゴールキーパー手前でバウンドさせる技術です。

圭佑くんはキーパーの手前でバウンドさせるシュートも持っていました。野球でたとえるならストレートに加えて、フォークボールを持っている感じです。ゴールキーパーからすると目の前でバウンドするシュートは事故の確率が上がるのでめちゃくちゃ嫌なんです。


そして三つ目はキック時の集中力です。

圭佑くんは練習でシュートを外してもほぼ悔しがらないんですよね。打つ瞬間は感情を消し、ボールを捉えることだけに集中する。力んだら決まらないことを熟知しているんだと思います。ＦＫを蹴るときも同じです。


「試合から逆算してシュート練習をしているんだな」と強く感じさせてくれたのが、Ｗ杯2得点の岡崎慎司さんとＷ杯1得点の香川真司です。

岡ちゃんの持ち味はＤＦラインの裏へのスプリントと、そこからのダイナミックなシュートです。裏へ抜けてパスを受け、できるだけ早くシュートを打つという練習をよくしていました。

一方、真司の得意な形は、ライン間でターンしながらパスを受け、そのままシュートを打つというもの。ファーストタッチでいかにボールをいい場所に置くかにこだわって練習していました。

森保ジャパンのシュートがうまい選手と言えば、やはり久保建英です。

建英のすごさはボールを蹴るぎりぎりまで、どこに蹴るかわからないこと。まったく同じフォームでニア側とファー側に打ち分けられ、ゴールキーパーが先に動いたらその逆を突きます。

建英のシュートって、ゴールキーパーが動けないまま決まることが多いじゃないですか。あれは駆け引きによって、ゴールキーパーが予測できないからなんです。

さらにインステップでぶれるようなボールも打てるし、巻いて落とすボールも蹴られる。実にキックが多彩です。

カタールW杯で2ゴールを決めた堂安律も、同じフォームでニア側とファー側を蹴り分けられる選手です。日本代表でもカットインからのニアとファーの蹴り分けをよく練習していて、それがW杯で実った印象です。スペイン戦のカットインから打ったシュートは、名手ウナイ・シモンの手を弾くほど強烈でした。

ちなみに森保ジャパンで最もシュートのパンチ力があるのは上田綺世《あやせ》です。あれはもはや霊長類のレベルを超えています（笑）。ぜひ綺世のシュート力に注目してみてください。

日本代表の得点力に優れた選手たちは、誰もが「自分が生きる形」を持っていました。

このシチュエーションに持っていったら高確率で決められるという形をつくり、練習でそれを徹底的に練習します。

言い換えると、あらゆる能力が突出している必要はないということです。

足りないところがあったとしても「強みが出る形」があれば、世界の舞台で活躍できるのです。

指示やリクエストにノーと言わない

ゴールキーパーはサッカーのポジションの中で、最も理解してもらうのが難しいポジションだと思います。

なぜかと言えば、ゴールキーパーのポジショニングやプレー選択といった技術論・戦術論が、フィールドプレーヤーの技術論・戦術論ほどには知られていないからです。

オランダ人のハンス・オフト監督が１９９４年アメリカW杯を目指して日本代表を率いているとき、「アイコンタクト」や「トライアングル」といった連係についての用語が有名になりました。フランス人のフィリップ・トルシエが２００２年W杯で日本代表を率いていたときは「フラット3」。どれも基本的にフィールドの話。両時代ともにゴールキーパーに特化したフレーズは話題にあがりませんでした。

みなフィールド全体の戦術を語るのは大好きなのに、ゴールキーパーの技術論・戦術論にはなかなか注目してもらえないんです。

あまり知られてないと思われるゴールキーパーの技術論の例を挙げましょう。

突然ですが質問です。信号が青に変わって歩き始めるとき、あなたは1歩目をどう踏み出していますか?

実際に信号を渡るとき、立ち止まった状態からどう動き出しているかをチェックしてみてください。ほとんどの人がまずは後ろに足を1歩引き、その反動で前へ進む、という動作をしていると思います。

ゴールキーパーも同じです。DFライン裏へのロングボールに対して前へ飛び出すとき、まず1歩後ろに足を引き、そこから前へ出る傾向があります。

1足分、約30センチの後ずさりとはいえ、致命的な遅れです。止める確率を高めるために、ゴールキーパーは1歩目を前へ踏み出せるように訓練しなければなりません。

だから僕はゴールキーパーの動きを見る際、必ず1歩目のステップがどちらに向いているかをチェックしています。もちろん自分も1歩目を前に出せるように練習で取り組んでいます。

ゴールキーパー経験者以外ほとんど知らないかもしれませんが、風の影響もあなどれません。

よく試合前に肩あたりの高さで風速を測定すると思うんですが、ゴールキーパーにとってポイントはそこではありません。

クロスやロングパスに一番影響するのは、ピッチから高さ2メートルくらいの風なんです。そこで風が吹いているとボールがめちゃくちゃ変化するからです。回転の割にボールが曲がらない、思ったより伸びるといったことが起きます。

スタジアムに屋根があるため、2メートルあたりで渦を巻いているときもあります。だからウォーミングアップ時にクロスを上げてもらって、風の影響を測るんです。

キャッチできて当たり前というボールでも簡単でないのは、風の不確定要素があるからなんです。

誤解を恐れずに言うと、監督がゴールキーパーのプレーについてあまり理解していないと感じることもあります。

ヨーロッパのクラブや日本代表になるとそういう不安はありませんが、日本のクラブだとまだまだゴールキーパーへの理解は発展途上にあると思います。

たとえば、監督が「どんどん飛び出して裏のスペースをケアして」と言ったとしましょう。でもゴールキーパーの立場からすると、ボールホルダーに対する制限やDFラインのコントロールといった前提条件が整っていないとリスクが大きすぎるのです。

ボールホルダーが自由でなんでもできるときにゴールキーパーが前目のポジショニングを取ったら、ロングシュートを打たれてしまいます。

ゴールキーパーを戦術に盛り込むのがうまい監督は、Jリーグだとまだまだ少ない印象です。


しかし、自分の仕事が理解されないからといって、それを言い訳にしたらプロでは通用しません。

「どんな監督の求めにも絶対にノーと言わない」

僕はずっとそれを心がけてきました。

監督からしてみたら、要求に応えられないなら他のゴールキーパーを使えばいいだけの話。ライバルに座席を差し出すようなもので、「できません」と言った時点で負けです。

もちろん、ときおり無茶だと思うタスクを求められることもあります。

たとえばクロス対応の際、ＤＦの一人がニアポスト付近に立つ守り方が一般的なのですが、監督から「相手がクロスを上げる際、ニアポストには誰も置かず、ＤＦは全員マンマークにつこう。ニアへのボールはゴールキーパーが飛び出してくれ」と指示を受けたことがありました。

でも速いボールを入れられたら、ニアへのゴールキーパーの飛び出しは間に合いません。だからニアにＤＦ一人を立たせるのが定石なんです。

それでも僕はノーと言いませんでした。口で説明するより、試合で起こった現象で理解してもらった方が早いと思ったんです。

監督は１試合で問題点に気が付いてくれ、次の試合からニアに一人立たせるやり方に戻りました。

理解されなくても、それを言い訳にしない。

これも１００％自分にベクトルを向ける習慣の一部です。

トレンドに適応しつつ軸はぶらさない

監督の求めに応えるためにも、トレンドを追うことは大切です。

現代サッカーではゴールキーパーにも、フィールドプレーヤーのような足元の技術が求められるようになりました。

僕もどんなチーム戦術の下でもプレーできるように、キックの正確さや飛距離の改善に日々取り組んでいます。

メディアではゴールキックの飛距離は話題になりづらいですが、戦術的には重要度がとても高まっています。

少し戦術的な話になりますが、その理由を解説しましょう。

近年、ゴールキックに対して守備側チームが高い位置からプレスをかけるのが当たり前になっており、攻撃側チームにより細かいパス技術が求められるようになりました。ただし、守備側チームがボールを奪うために前へ出て来ているということは、その背後に大きなスペースが広がっているということです。狙わない手はありません。

ゴールキーパーが低軌道の高速ロングキックを蹴られれば、相手は戻る時間がないため、味方FWが抜け出せたら一発でビッグチャンスになります。

マンチェスター・シティの守護神、エデルソンはその代表例です。

相手陣地に矢のようなロングパスを通す技術があり、シティの攻撃陣はそれをわかっているので常に裏を狙っています。

もし相手がゴールキーパーのロングパスを警戒してDFラインを下げてきたとしても問題ありません。相手の陣形が間延びするので、今度はビルドアップしやすくなります。

ゴールキーパーのキックの飛距離が長いと、相手との駆け引きが可能になるのです。

こういうトレンドによって、キックの飛距離はゴールキーパーの評価基準の一つになりました。

僕は2024年秋、久保建英のパーソナルトレーニングを担当していた中西哲生さんにコンタクトを取り、「中西メソッド」のトレーニングを受け始めました。

自分の体から離れて転がるボールに対しては、足を速く振りすぎず、転がるスピードに合わせてゆっくり振るなど、たくさんのアドバイスを頂きました。

カタールW杯のときと比べて、間違いなくロングキックの飛距離と精度がアップしています。

しかし、トレンドに気を取られすぎて、普遍的要素が疎かになってしまってはいけません。

ゴールキーパーにとっての普遍的要素はゴールを守ること。セービングといったゴールラインを割らせないための技術が最重要事項です。

新しいトレーニングでトレンドに適応しつつ、同時に以前から続けているベーシックなゴールキーパーとしての基本トレーニングも大事にしています。

トレンドに乗っかって、軸がぶれてはいけません。

視点をずらして抜け道を探す

人生にもしがあるとしたら、一つだけ別の未来があったかもしれないと考えることがあります。

もしバスケットボール選手になっていたら——。

実は権田家はバスケ一家で、父、母、弟はみなバスケをプレーしており、僕も子供のときにサッカーと並行してバスケをやっていました。

家族自慢みたいになって恐縮ですが、家族のバスケ歴を紹介させてください。

まず父・哲也は慶應義塾大学バスケットボール部（正式名称：慶應義塾體育會バスケットボール部）を経て、NKKシーホークス（日本鋼管）という実業団でプレーしました。引退後はNKKで指導者になり、2020年まで慶應義塾大学バスケットボール部で監督を務めていました。現在は同部OB会の会長をやっており、日本バスケ界では有名な存在のようです。

弟・隆人も慶應義塾大学バスケットボール部出身で、卒業後はB3リーグ・東京サンレーヴスに所属していました。

つまりバスケをやって当然という家庭環境で、のちに父からは「本当はバスケをやってほしかった」とぼそりと言われたことがあります。

ちなみに父、母、弟はみな慶應義塾大学出身。通信制高校卒の僕とはまったく異なる経歴です（笑）。

なぜバスケ一家の長男がサッカーを選んだのか？

僕としても理由を覚えていないのですが、子供からするとバスケのリングが高すぎることが関係しているように思います。

母に言わせると僕はエネルギーがあり余っている子供だったそうで、疲れさせるために幼稚園にあったサッカークラブに入れたそうなんですね。遊びでバスケもやり、当時はまだどちらの方が好きという感覚はありませんでした。

そんなある日、父にくっついて無謀にも大人のバスケに参加したんですね。幼稚園児なので当然なんですが、そうしたらシュートが全然リングに届かなくて。ものすごく悔しかったのを覚えています。あまりに幼いときに大人のバスケに触れたため、「サッカーの方がおもしろい」となったのかもしれません。

ただ、バスケをやっていた経験がサッカーでゴールキーパーを務めるようになったときに生きたんです。

バスケはリバウンドを取ろうとする際、両足でジャンプしますよね。サッカーでもその要領でハイボールをキャッチしました。

正式には片足ジャンプで処理すべきで、のちに僕もセオリー通りの技術を身に付けました。それでも「この形なら絶対取れる」という型を持っていたことは、すごくスタート時に自信になりました。

こういう経験を通して、僕は課題に対して視点をずらしてアプローチするという思考法を身に付けました。

たとえば、対面したコーチが投げたテニスボールを左に1歩動いてキャッチし、もしコーチが「ゴー」と言ったら左へさらに2歩動き、もし「キャンセル」と言ったら右に

1歩動いて元いた場所に戻る、というエクササイズをやったとしましょう（中西哲生さんが実際にやっているメニューです）。

コーチの一言でさらに左へ行くか、右に戻るか、瞬時に反応しなければいけないので、かなり頭が混乱します。「え、どっちだ」と一瞬固まってしまう選手も珍しくありません。

普通、「ゴー」と言われて左へ動きたかったら、素早く右足で地面を蹴ることを考えるでしょう。僕も最初はそうでした。でもその考え方だと、よほど反復練習しない限り素早く動けません。（1）右足を浮かす、（2）地面を蹴るという二つの動作が必要で、トン・トンと2拍かかってしまうからです。

そこで僕は視点をずらして、正面ではなく、横から物事を見ることにしました。

その結果、「右の股関節をねじる」という裏技を見つけました。

「ゴー」と言われた瞬間に右の関節をねじると、体が横に押し出されてその勢いで左へ進むことができるのです。これだと1拍で左へ行けます。

さらに横へ動くイメージではなく、前へつんのめるイメージを持つと、もう1段階スピードアップできました。

この「視点をずらして抜け道を探す」という思考ができると、自ずと努力の質が上がります。

Aをできるようにしたいときに、愚直に反復練習をするだけだと時間がかかりますよね。「Bをできるようにしたら、結果的にAができている」と工夫すると時間を短縮できるうえに、同時に他の能力も身に付けられます。

どの国へ行ってもゴールキーパーコーチから「新しいメニューをできるようになるのが早い」と言われるのは、この思考法のおかげだと自負しています。

「姿勢を良くしよう」と言われても常に意識するのは難しいですが「頭の上から糸で引っ張られているつもりでいよう」と言われると意外に実践できます。「脇を締めよう」と言われてもすぐに開いてしまいますが、「両手の手のひらを前に向けよう」と言われると自然に脇が締まります。

壁にぶち当たったときに乗り越えようとする「意志の固さ」はなくてはならないものですが、視点をずらして抜け道を探す「思考の柔らかさ」も必要です。

勝負の場で優等生である必要はない

2020年に清水エスパルスからオファーをもらったとき、当時ゼネラルマネージャーだった大熊清さんからこう言われました。

「エスパルスには熱さが足りない。ゴンちゃんの熱さをどんどん出して、おとなしいチームを変えてくれ」

普段、スポーツ番組や情報番組などテレビに出ているときの立ち居振る舞いからは想像つかないかもしれませんが、僕はピッチの上で感情を出すタイプの選手です。必要があれば味方に声を荒げるし、レフェリーにも抗議する。勝負の場では優等生である必要がないと思っています。

大熊さんはFC東京の監督時代に僕の「熱さ」を嫌というほど見ているので、それをエスパルスに注入してほしいと思ったのでしょう。

日本社会においては、感情を抑え、行儀良く振る舞った方が波風が立たず、余計な批判も受けないかもしれません。ただ、それでは勝つ確率を上げられないし、何より淡々とプレーしたら僕ではなくなってしまいます。

もちろん、自分を貫くと誤解も受けます。

「傷害罪だろ！」

相手サポーターからそうやって批判されたのが、2022年10月22日のジュビロ磐田戦でした。

当時エスパルスは13位で、ジュビロは最下位。両者の勝ち点差は5でJ1残留のために互いに絶対に負けられない「静岡ダービー」でした。

この試合中、僕と相手選手の間でトラブルが起こります。

前半44分、僕は相手コーナーキックのボールを空中でキャッチし、ボールを抱え込んでピッチに倒れ込みました。

しかし、そのとき相手チームの誰かから「潰せ！」という声が飛んだんです。

僕は納得できず、僕のところに近づいて来た選手の胸ぐらを掴んで抗議しました。これが発端となってジュビロの他の選手が詰め寄り、試合が一時中断されました。

なぜ「潰せ」という言葉を看過できなかったのか。

この試合で僕が負傷を抱えて出ていたことは周知の事実で、それを悪化させてやるというような悪意を感じたからです。

僕が負傷したのは直前の日本代表のドイツ遠征でした。

9月23日のアメリカ戦の前半途中にジャンプして浮き球をキャッチした際、味方と接触して上半身からピッチに落ちてしまったのです。背中を強打し、ハーフタイムに交代を余儀なくされました。

診断結果は、肋骨のひび（不全骨折）。2カ月後に控えたカタールW杯出場へ黄色信号が灯ってしまいました。

ただ、エスパルスのチームドクターは僕を過度に心配させない方がいいと考えたのでしょう。診断結果は伝えられず、すぐにJ1の試合に出場します。その初戦がジュビロ戦でした。

僕はまさか肋骨にひびが入っていたとは知りませんでしたが、常に痛みがある状態でした。大怪我につながるのではないかという不安が少なからずありました。

そんなときに「潰せ！」と言われた。

許すことができませんでした。

この一件で僕はジュビロ以外のサポーターからも批判を受けることになりましたが、救いもありました。相手選手もさすがに言いすぎたと感じたのでしょう。両チーム入り乱れて一悶着あったあとに僕のところへ謝りに来てくれました。レフェリーも状況を見ていたので「ごめん、もっと早く止めるべきだった」と言ってくれ、僕にイエローカードは出ませんでした。

ときどきサポーターの方から「テレビで権田さんを知って試合を観に来たら、イメージが違うのでショックを受けました」と言われるのですが、そのギャップはご容赦ください。

勝負の場には熱さが必要です。

息子に説明できないことはしない

前項目で書いたように、勝負の場で優等生である必要はありません。怒りや熱さといった感情のエネルギーが自分とチームを突き動かします。

ただし、ピッチ上の振る舞いで一つだけ気を付けていることがあります。

それは「息子に説明できないことはしない」ということです。

きっかけは2022年8月7日、FC東京対清水エスパルスの試合でした。

物議を醸したのは試合終盤、僕がボールボーイから投げられたボールを左手で叩きつけるアクションをしたことです。

エスパルスが2点をリードしている場面だったため、ネットでは「ボールボーイが素早く投げ入れたことに怒って叩きつけた」と解釈されました。権田は時間稼ぎをしたかったのだと。

でも、それは事実と異なります。

結論から言えば、僕はＦＣ東京のゴール裏のサポーターに対して抗議するためにあの行動を取りました。

僕はＦＣ東京のアカデミーからトップへ昇格した元・生え抜きで、ＦＣ東京には特別な思いがあります。それだけにサポーターにも「こうあるべき」という勝手な理想像があり、そこから離れるような行動が見られると腹が立ってしまうんです。

僕もプレーしていたからわかるんですが、ＦＣ東京サポーターの応援は本当に頼もしく、選手の力になります。ただ、僕の経験上、相手を野次り始めるとたいていチームは勝てなくなります。もしかすると負けそうだから相手を野次り始めるのかもしれませんが、「チームの後押しに集中してくれたらいいのに」と感じていました。

この試合では、ずっと僕に対して野次が飛んでいました。

僕を攻撃して溜飲を下げるのは全然構いませんが、「そういうスタンスでいいの？」と疑問に思い続けていました。

そして試合終盤にボールボーイがピッチにボールを戻したとき、「権田、早くしろ！」という声が飛んで来たんです。

味の素スタジアムには陸上トラックがありますが、結構ゴール裏からの声が聞こえるんですね。とっさに「そんなスタンスじゃダメだろ！」という気持ちが爆発して、ボールを左手で叩きつけてしまいました。

ただし、どんな理由であれ、ボールボーイが渡そうとしたボールを叩きつけてはいけません。

アウェーで2対0の勝利を収めて清水に戻ると、当時9歳だった息子から「お父さん、ボールボーイの子と何があったの？」と質問されました。

僕の中ではあくまでFC東京サポーターへの抗議のアクションで、ボールボーイもそれをわかっていると思っていました。ただ、息子が疑問に思うくらいなので、もしかしたら嫌な思いをしたかもしれない。

小平南高校の学生がボールボーイを担当しているのを知っていたので、週明けに学校に電話をかけ、「あれはボールボーイに向けた行動ではないのですが、誤解されるようなことをして本当に申し訳ありません」と伝えさせて頂きました。

勝負の場だからといって「なんでもあり」ではありません。

熱い感情をたぎらせながらも、同時並行で冷静な視点を持ち続けなければなりません。

息子の存在が僕を律してくれています。

第3章

挑戦の変人力

憧れをリセットする

2023年3月にマイアミで開催されたワールド・ベースボール・クラシック（WBC）決勝のアメリカ戦前、侍ジャパンの大谷翔平選手はこう言いました。

「僕から1個だけ。憧れるのをやめましょう。ファーストにゴールドシュミットがいて、センターにマイク・トラウト、外野にムーキー・ベッツがいる。野球をやっていたら誰しも聞いたことがある選手たちがいる。でも憧れてしまっては超えられない。僕らは超えるために、トップになるために来た。今日1日だけは彼らへの憧れを捨てて、勝つことだけを考えていきましょう。さぁ行こう！」

日本は見事にメジャーリーグのスター軍団に勝利し、このスピーチはチームを世界一に導いた言葉として大きく話題になりました。

実は僕も2022年11月にカタールで開催されたW杯において、同じことを考えていました。グループステージで対戦するドイツ、コスタリカ、スペインにはそれぞれマヌエル・ノイアー（バイエルン・ミュンヘン）、ケイロル・ナバス（パリ・サンジェルマン）、ウナイ・シモン（アスレティック・ビルバオ）という世界トップのゴールキーパーがいたからです（括弧内は当時の所属クラブ）。

僕は自分を成長させるために、日頃から優れたゴールキーパーの試合を見てプレーを盗もうとしています。

シュートが来る前の準備、ステップ、セービング時の手の角度。

ゴールキーパーはボールに1センチ触れるかどうかで成否が分かれるポジションです。手首の角度一つ取っても3度前で触るより、5度前で触った方が遠くに弾ける。パーフェクトなポジショニングを追求しつつ、常にベターな選択をし続けなければなりません。

そういうディテールにこだわるうえで、世界トップのゴールキーパーのすべての動きが参考になります。

しかし、W杯の対戦時に「本物のノイアーだ！」と感じていたら、試合で遅れをとってしまうでしょう。

だから2022年4月の抽選会によって対戦相手が決まったとき、憧れをリセットしようと思いました。「どうしたらノイアー、ナバス、シモンを崩せるか」というマインドに切り替えたんです。日本代表の攻撃陣にアドバイスするために、相手ゴールキーパーの特徴と弱点を分析し始めました。

意外に思われるかもしれませんが、ノイアーはシュートをあまりキャッチしない傾向があります。193センチの体躯と手足の長さを生かして、体に当てて弾きに行くブロック守備をします。キャッチングミスが起こりづらく、より広範囲をカバーできるという利点があります。

ただしその分、セカンドボールが増えます。そこで日本代表のFWたちには「セカンドボールがチャンスかもしれない」と伝えました。

ナバスは身長こそ185センチと僕より2センチ低いんですが、アグレッシブに前へ出る傾向があります。どっしりと構えるのではなく、すごくポジションを変える。日本代表のFWたちには「距離を詰めてくるよ」と話しました。

カタールW杯のドイツ戦における後半30分の日本の同点弾は、まさにセカンドボールから生まれました。三笘薫が出したスルーパスに南野拓実が走り込んで鋭いクロスを上げ、ノイアーがそれを中央に弾いたのです。おそらく浅野拓磨がファー側に走り込んでいたことも影響したでしょう。

堂安律がそのこぼれ球にしっかり反応し、左足で豪快に同点弾を叩き込みました。

さらにその8分後、浅野拓磨のゴールによって逆転に成功します。7分間のアディショナルタイムを乗り切り、終了のホイッスル。日本がW杯において「W杯優勝国」に初めて勝利を挙げた瞬間でした。

僕は個人的に憧れをリセットしたと書きましたが、そもそも多くのチームメイトはドイツに憧れを抱いていませんでした。

当時の日本代表にはドイツでプレーしている選手が8人おり（吉田麻也、遠藤航、浅野、鎌田大地、板倉滉、堂安、田中碧、伊藤洋輝）、彼らは日常的にバイエルンやドルトムントと対戦しており、試合前から「あの選手は穴だよ」とか「大したことないから」と言っていたのです。

吉田麻也に至っては、ドイツの選手を知るために2022年夏にイタリアのサンプドリアからブンデスリーガのシャルケに移籍していたくらいです。

「ドイツ代表には隙がある。前半は0対1でもOK。我慢すれば絶対に勝てる」

それが全員の共通理解になっていました。

前評判を覆して優勝候補のドイツに勝てたのは、誰一人として対戦相手に憧れていなかったことが大きかったと思います。

変えられない過去は振り返らない

よくサッカー界では「一つのプレーでキャリアが変わる」と言われます。

W杯でのゴールによってビッグクラブへの移籍が決まることもあれば、敗戦につながるミスをして生涯にわたって批判されることもある。

一つのプレーでキャリアが変わるというのは、良い意味でも、悪い意味でも真実でしょう。

カタールW杯初戦のドイツ戦、僕が相手を倒して与えたPKは後者になっていてもおかしくないプレーでした。

前半31分のことです。ドイツのキミッヒが中央からDFラインの裏に向かって斜めのミドルパスを出し、左サイドバックのラウムが走り込んでペナルティエリア内の深い位置でボールをコントロールしました。ドイツは可変システムを採用しており、左サイドバックのラウムが高い位置を取っていたのです。

僕はラウムに対して距離を詰めて左足でスライディングし、ボールがラウムの体から離れたので素早く立ち上がってそれを拾いに行こうとしました。するとラウムが僕の進路に体を入れながらつんのめるような形で倒れたのです。

やられました。体を前に入れて倒れたらPKになると読んだのでしょう。エルサルバドルのイバン・バルトン主審はペナルティスポットを指差して笛を鳴らしました。

キッカーは当時マンチェスター・シティでキャプテンを務めていたギュンドアン。僕は左へ飛び、ほぼ真ん中にPKを決められてしまいました。

大舞台の初戦で致命的なミス――。

メンタルがどん底に落ちてもおかしくない瞬間でした。

けれど、僕はPKを与えてしまったことを引きずりませんでした。だからこそ猛攻を受けながらも1失点で前半を乗り切ることができ、後半25分に「権田の18秒」と評された4連続シュートストップをできたんです。

なぜメンタルを切り替えられたのか？

これまでの経験によって「変えられない過去は振り返らない」という思考法を身に付けていたからです。

誰も過去は変えられません。しかし未来は変えられます。

チームにとって最悪なのは、さらなる失点をしてしまうことです。一方、守備に関して最高なのは、それ以上失点しないことです。

つまり、ミスをしようがしまいが、ゴールキーパーにとってやるべきことは変わらないのです。

ゴールキーパーはどんなミスをしたとしても、その瞬間は自分のコピーロボットがミスをしたくらいに頭を切り替えて、自分が持っている能力を出すことに集中すればいいのです。

ミスをすると「挽回したい」という気持ちになりがちですが、僕の経験上、そういう心理状態が最も危険です。

ミスを挽回したいと思いすぎると不必要にアグレッシブになりすぎ、いつもなら飛び出さないクロスに飛び出したり、いつもなら出さない際どい縦パスを出してボールを奪われたりするからです。

挽回したいという私欲をリセットしなければなりません。

メンタルトレーニングの分野では、パーキングという技術があるそうです。

悔しい感情や怒りの感情を一時的に頭の片隅にパーキング（駐車）し、試合中はそれについては保留状態にしておいて、試合後に駐車場からその感情を取り出すというものです。

僕の思考法もそれに近いです。

「なんであんなことをしたんだろう」、「ああしとけば良かった」と振り返る時間は試合後にたっぷりあります。

終了のホイッスルが鳴るまでは、とにかく前だけを見るべきです。

試合中に「反省の色が見えないぞ！」なんて非難は絶対に受けませんから。

「権田の18秒」を6秒に縮める

２０２２年カタールW杯に関して、日本で最も話題になったのは次のフレーズでしょう。

「三笘の１ミリ」

グループステージ第３戦・スペイン戦の後半６分、ボールがゴールラインを越えるぎりぎりで三笘薫が足を伸ばして中央に折り返し、田中碧が逆転弾を決めた際に生まれた言葉です。

最初はボールがラインを割ったと判定されましたが、VAR介入によってボールが「１ミリ」だけゴールラインにかかっていることがわかり、ゴールが認められました。あの薫の粘りがなければ、日本はグループステージで敗退していたかもしれません。

ありがたいことに一部のメディアが「権田の18秒」というフレーズもつくってくれました。

グループステージ初戦・ドイツ戦の後半25分、僕がヨナス・ホフマンのシュートを止めたのを皮切りに計4本のシュートを連続ストップしたことを表す言葉です。

この時点で日本は0対1でリードを許していたのですが、チームの雰囲気は悪くありませんでした。後半開始から3バックに変更し、さらに後半12分に三笘薫と浅野拓磨を投入したことで、攻撃の糸口を掴み始めていました。

それでもドイツの攻撃は依然として強烈でした。

後半25分、DFシュロッターベックがライナー性の縦パスを入れると、難しいボールにもかかわらずFWハヴァーツがいとも簡単に収めます。

日本の守備は下がりながらの対応を迫られ、ムシアラが中央でドリブルを開始。ムシアラがやさしく横パスを出すと、キミッヒがそのボールをワンタッチでふわりと裏のスペースへ落とします。走り込んだニャブリが斜め後方に落とし、後半24分46秒、ホフマンが右足を振り抜きました。

僕はニャブリの飛び出しに引き付けられる形になりましたが、素早く起き上がってホフマンのシュートをブロックしました。

ドイツの波状攻撃は続きます。

こぼれ球を拾ったニャブリがカットインして左足でシュート。ボールが僕から見てやや右に飛んできました。

僕は両手を使って右方向に弾き出します。

すると今度はムシアラがこぼれ球を拾い、左サイドバックのラウムがタイミング良く追い越して前方へスプリント。ムシアラが丁寧にスルーパスを出すと、ラウムがダイレクトでクロスを上げました。

ファーポストに走り込んだニャブリが、頭でクロスをドンピシャで捉えます。ニャブリは基本通りボールを叩きつけ、ゴールキーパーの目前でバウンドするシュートになりました。

それでも僕の体は自然に動きました。

左方向へ横っ飛びでボールを弾き出し、ニャブリにこぼれ球に詰められてシュートを打たれましたが、倒れたまま両足を投げ出してブロックすることに成功しました。

「ホフマン右足」、「ニャブリ左足」、「ニャブリ頭」、「ニャブリ右足」の4連続ストップ。

これが後半24分46秒から後半25分04秒までの「権田の18秒」です。

今でも覚えているのは、このセーブによってスタジアムの空気が変わったことです。スタジアム全体が日本を応援し始めたんです。

そもそもお客さんはドイツ代表を観に来たと思うんですね。バイエルン、マンチェスター・シティ、アーセナル、レアル・マドリードのスターがごろごろいるんですから。しかし、日本の粘りによって、「ジャイアントキリングが起きるかも？」という別の関心が生まれたのでしょう。日本がボールを持つたびにスタジアムが沸き、ピッチにいる僕らも「現地の人から応援されている」とわかりました。

選手とスタジアムが一体となり、得点は必然だったのかもしれません。

後半30分、ついに日本の同点弾が生まれます。

ノイアーが弾いたこぼれ球を堂安律がネットに突き刺しました。

「ゴールキーパーもセーブによってスタジアムの空気を変えられる」

僕にとって新たな発見となる18秒でした。

この4連続セーブが印象に残ったのか、僕はドイツ戦でマンオブザマッチに選出されました。

しかし、このシーンには心残りもあります。

それはニャブリが左足で打った2本目のシュートへの対応です。

コースはそれほど厳しくなかったので、キャッチできたと感じる自分がいるんです。

今振り返ると、あの試合の僕は緊張こそしていませんでしたが、少しナーバスになっていました。こぼすのを怖がり、なかなかキャッチを選択できなかったんです。2本目のニャブリのシュートは、世界トップクラスのゴールキーパーならキャッチできたはずです。

あらためて秒数を測ると、1本目のホフマンのシュートから2本目のニャブリのシュートまで6秒でした。「権田の6秒」で終わらせるべきだったんです。

自分の連続セーブが語り継がれるのは嬉しいですが、そこで満足したら成長は止まります。

18秒を6秒へ。

ゴールキーパーの完璧さの追求に終わりはありません。

ミスを仕分けする

カタールW杯グループステージ第2戦のコスタリカ戦後、僕は大きな批判にさらされました。

後半35分、コスタリカのフレールのシュートを両手で処理に行ったんですが、ブロックに行った吉田麻也の足にわずかに当たったことでフワリと浮いた軌道になってタイミングが合わず、指先で触れる形になってボールがそのままネットに吸い込まれてしまったからです。

「なぜ片手で防ぎに行かなかったのか?」

「片手ならゴールマウスの外に弾けたのではないか?」

ネットにそんな批判が噴出します。

この失点によって、日本は0対1で敗戦。ドイツ戦の逆転勝利から一転、グループステージ突破がわからなくなりました。

ただし、前項目で書いたように、試合中にミスを引きずることはありませんでした。なぜミスしたかは試合後に考えればいい。コスタリカ戦でもすぐに気持ちを切り替えました。

では、どうやって試合後に自分のミスを分析するのか？

このコスタリカ戦の失点シーンを題材に、僕のやり方を解説したいと思います。

基本的に僕は自分のミスを何度も見返すタイプです。

次の対戦相手はそこを分析して弱点を利用しようとしますし、何より自分の成長のヒントが転がっているからです。中にはミスを見たくないという人もいるかもしれませんが、映像を見ないでモヤモヤしていても何も生まれません。

ミスの原因を探るために、僕は「ミスの仕分け」をするようにしています。

ミスを「認知のミス」、「判断のミス」、「技術のミス」という三つのタイプに分類するんです。

①認知のミス

ゴールキーパーがまずしなければならないのは認知です。敵、味方がどこにいて、ボールがどんな速さでどんな回転で来るのか。ピッチコンディション、風向き、太陽や照明の位置の認知も欠かせません。それらを漏れなくすべて認知し、どんなシュートが来るかをイメージして最適なポジションを取らなければなりません。

②判断のミス

状況を認知したら、次はどんなプレーを選択するかという判断です。キャッチするのか、パンチングするのか。キャッチミスのリスクを考え、わざと体の前に落とす取り方をするのか。簡単そうなクロスでも、相手が近くにいたらあえてパンチングすることもあります。

試合時の感情が判断に影響を及ぼすので、自分がどんな感情を抱いていたかも振り返ります。たとえばミスを恐れると、キャッチできたのにパンチングを選んでしまうことがあります。

③技術のミス

最後に選択を技術として発揮します。キャッチを選択したら練習通りの基本を実行して確実にキャッチをする。パンチングの場合、腕を振る時間があれば、しっかり腕を振ります。難しいのは腕を振る時間がないとき。勢いをつけられないので、確実にタイミングを合わせてコースを変えなければなりません。

こうやって俯瞰してミスを仕分けすると気持ちが整理され、自ずとやるべきことが見えてきます。すなわちミスを引きずりにくくなります。

コスタリカ戦の失点場面では、「判断」と「技術」のミスがありました。

先ほど少し触れたように相手のシュートが麻也の足にわずかに当たり、ふわっとした軌道になりました。タイミングがずらされる形になり、僕の体は伸びた状態になってしまいました。

体が伸びた状態だと、地面から反力を得て勢いをつけてパンチングをすることができません。僕は瞬時に触る面積を増やすという判断で、両手によるパンチングを選択しました。

ただし、それは気持ち的に守りの選択だったと思います。試合後に多くの人が指摘したように、片手でパンチングに行った方がより強い力をボールに与えられたでしょう。ボールにアタックするのが、僕のゴールキーパーとしての基本です。安全に両手で行くという判断は自分らしくなく、わずかに指先で触れるだけの形になってしまいました。技術面で言えば、相手が前向きにボールをコントロールしてシュートを打てる状況になった瞬間にバッと1歩後ろに下がれていたら、リフレクトするというアクシデントが起こっても余裕を持って止められたと思います。

日本は1998年W杯に初出場して以来、7大会連続でW杯に出場しています。川口能活さん、楢崎正剛さん、川島永嗣さんら偉大な先人がピッチに立ち、ゴールキーパーのバトンをつないできました。

その長い道のりを考えれば、一つの失点で右往左往している場合ではないと思いました。俯瞰してミスを仕分けすることで、4日後のスペイン戦に向けて神経を研ぎ澄ますことができました。

優先順位を体に染み付かせる

カタールW杯グループステージ第3戦、日本はスペインに逆転勝利してE組を首位通過することができました。ドイツ戦に続く、W杯優勝国相手の勝利です。

前半11分にモラタにヘディングシュートを決められて0対1でハーフタイムを迎えましたが、ロッカールームには「いける」というイケイケの空気が充満していました。

なぜ日本は0対1の状況でも勝利を信じられたのか？

もちろん初戦でドイツに逆転勝利した経験が大きかったんですが、それに加えて僕個人としては2022年6月にブラジルと対戦した経験が後押しになったと感じています。

2022年6月6日、日本は国立競技場でブラジルと親善試合を行いました。

ブラジルの先発はアリソン、ミリトン、マルキーニョス、ギリェルミ・アラーナ、ダニ・アウベス、カゼミーロ、フレッジ、ビニシウス、ハフィーニャ、ネイマール、パケタ。錚々《そうそう》たるメンバーです。

この試合でゴールを守っていて驚かされたのは、ずっとブラジルの選手に見られている感覚があったことです。

30メートル、40メートル離れた位置でボールを持っていても、ほぼ必ずゴールキーパーを見てくる。隙があったら狙っちゃうぜ。そんな意志を感じました。

たとえばボランチがボールを持つと、ファーストタッチでぐっと前に持ち出してシュートを打ちそうなオーラを出すんです。シュートを打たなくても、DFライン裏へのスルーパスを出しそうなニオイを放ちます。

力を抜いて遊び心を持ちながら、相手の表情を見て嫌なことをやり続ける。

これがブラジルの強さなんだと思いました。

それに対してスペインは「相手の嫌なこと」より、「自分たちのやりたいこと」を優先するチームでした。

スペインの選手はゴールキーパーを全然見てこないんですよ。ペナルティエリアの少し外に来てもシュートを打つ感じがしない。ＤＦライン裏のスペースもほぼ見ようとしない。

日本戦ではロドリがセンターバックで出場していて、彼がボランチだったら事情が違ったかもしれませんが、他の選手は横ばかり見ていて、ボールが右から来たら左に出し、左から来たら右に出すという感じ。

「ブラジルに比べたら、スペインの攻撃は怖くないぞ」

前半こそ1失点しましたが、そう感じました。

もちろんスペインは前半に先制して、油断した部分もあったのだと思います。次に対戦したら必ずもっと「嫌なこと」をしてくるはずです。

攻撃において最も優先すべきは得点です。

どんなに戦術が複雑化しても、その優先順位があやふやになったら本末転倒。

常勝チームになるには、優先順位を体に染み付かせなければなりません。

相手のミスを思考実験で追体験する

僕は自分のレベルアップのために、対戦したゴールキーパーの視点に立って彼らの失点について分析する習慣があります。

「自分だったらどう対応しただろうか?」と考えるんです。

たとえばカタールW杯における日本対ドイツの逆転弾を分析してみましょう。

後半38分、日本は自陣の真ん中あたりの高さでFKを得て、板倉滉がボールをセットしました。それに対してドイツのDF陣は高い位置に漫然とラインを設定します。

その隙を滉が見逃しませんでした。

浅野拓磨が裏に走り出そうとしたのを見て、スペースへロングパス。拓磨が右足で見事にコントロールして一気にペナルティエリア内に侵入します。ドイツのDFシュロッターベックが慌てて戻り、右手で拓磨をブロックしようとしましたが、拓磨は止まりません。拓磨がニアポストに立ち塞がるノイアーの肩口に向かって足を振り抜くと、ネットの内側上部にボールが突き刺さりました。

日本サッカーの新たな扉を開くスーパーショットでした。

ゴールキーパーの視点に立つと、あの場面で難しいのはシュロッターベックが拓磨に併走していたことです。

ゴールキーパーと攻撃者の1対1であれば、ノイアーは迷わず前に出たと思います。でも味方が併走していたので、前に出ると交錯する可能性がある。ノイアーはニアポスト近くで待つという選択をします。「チャレンジ&カバー」のカバー役に回ったのです。

結果的にそれが裏目に出ました。もしノイアーが1歩でも前に出ていたら、シュートは体か顔に当たっていたでしょう。

ノイアーらしくなかったのはシュートに対して顔をややそむけるような形になり、よじれた体がゴールへ向いてしまったことでした。体を相手に正対させて「壁」をつくるというセオリーを実行できていませんでした。

前へ出たい、けど出られないという葛藤が、判断を狂わせたのかもしれません。


では、もし自分がこの場面に遭遇したらどうするか。

僕はノイアーみたいに体が大きくありませんし、自分からアクションしないとゴールを守れないと考えているので、前に出られないとわかった瞬間、手で反応して止める守備に切り替えると思います。ぎりぎりまで待って、待って、上に手を出すという感じです。


次はカタールW杯・日本対スペインの同点弾を扱いましょう。

後半3分、日本の自陣深くのクリアから、この得点シーンは始まります。

ロドリがボールを拾おうとしたところに、前田大然が直線的にプレスをかけると、ロドリはリスクを避けてバックパスを選択しました。

これが日本の猛烈なハイプレスのスイッチになります。

大然がそのままボールを追走すると、鎌田大地、堂安律、そして田中碧も前へ。ゴールキーパーのウナイ・シモンがサイドに展開すると、三笘薫が駆け上がってカルバハルへ圧力をかけます。

ロドリ経由で再びシモンにボールが戻ると、大然が激しくアタック。シモンは視野を確保する余裕がなく、左サイドバックのバルデにふわりと浮き球のパスを出しました。フリーに思われたバルデですが、そこへ突如として伊東純也が現れます。純也がヘディングで競ると、こぼれ球は堂安のもとへ。堂安は一気にカットインして左足一閃。強烈なシュートは、シモンの右手を弾き飛ばしてニア側のネットに突き刺さりました。

おそらくシモンは自分のミスだと感じていると思います。ボールに触りながらも枠の外に弾けなかったからです。

ただし同時に、律のすごさも感じたのではないでしょうか。

律の武器の一つは、同じフォームでシュートをニア側にもファー側にも打ち分けられることです。シモンからすると、ぎりぎりまでどちら側に来るかわからなかったはずです。

一瞬のプレーだったので難しいですが、もし僕があそこにいたらボール近くのセンターバックにもっと寄せるように声を上げていたと思います。パウ・トーレスの寄せが緩慢で、ニアへのコースが空いていたからです。
ゴールキーパーが一人でポストからポストまで守れるのが理想ですが、現実的にはDFと連係して守るのが基本です。DFにコースを切ってもらい、自分が守る範囲を限定しなければ守りきれません。

実際の試合では瞬時の決断が求められ、理想のプレーを実行することは簡単ではありません。当たり前ですが、あとで映像を見ながら何のプレッシャーもなく考えるのとは違います。ただ、普段から映像を使って思考実験を繰り返しておくと、アイデアの引き出しが増え、判断スピードが早まります。

すべてをかけて試合をしますが、終了のホイッスルが鳴れば、ラグビーで言うところのノーサイド。
僕はサッカー界およびゴールキーパー業界の発展を心から望んでおり、普段からすべてのゴールキーパーにうまくなってほしいと思っています。その思いは試合直後も変わりません。

もちろん試合後は感情の揺れ動きがあるので、常に交流できるわけではありません。ただ、ドイツ戦の試合後には互いのチームマネージャーを通じて、ノイアーとユニフォームを交換することができました。

いつかノイアーとじっくりゴールキーパー論を交わしてみたいです。

事前情報で相手の行動を読む

ゴールキーパーにとって事前に対戦相手の癖を知っておくことが極めて重要です。
まずチェックするのが、右利きなのか、左利きなのか。
事前にそれがわかっていないと、ゴールキーパーからするとものすごく大変です。
左利きの選手が自信を持って左足で打つシュートなのか。
左利きの選手が慌てて右足で打つシュートなのか。
もしくはとりあえず枠に飛ばそうというシュートなのか。
ボールの軌道が全然変わってくるからです。

次にインプットするのは、選手ごとにどんなシュートが多いかという傾向です。
堂安律や久保建英のように同じフォームでニアとファーにシュートを打ち分けられる

選手もいれば、本田圭佑さんのようにストレートで強いボールを蹴ってくる選手もいる。どんなシュートが来ても止められる体勢をつくりながらも、事前の情報をもとに予測をしておくことが大事です。

カタールW杯に向けて、僕はドイツ、コスタリカ、スペインの分析をする一方で、並行してグループステージを突破したあとの準備も進めました。

決勝トーナメント1回戦でクロアチアと当たる可能性が高いと読み、モドリッチらを見ていたんです。読みが当たり、日本はベスト16でクロアチアと対戦することになりました。日本が1位通過で、クロアチアが2位通過とは想像していませんでしたが。

モドリッチの特徴はミドルシュートでコースを狙う能力が極めて高いことです。

メッシのようにゴールキーパーとの駆け引きはあまりせず、自分が見えたコースに一番いい軌道で蹴ります。ゴールキーパーの手が届きづらい隅っこを狙います。

また、ミドルを思いっきり打って枠外になってしまう選手が多い中、モドリッチはパワーを重視しません。速さと正確性を両立するコントロールショットで8割、9割、枠内へ飛ばします。狙ったポイントに蹴る技術は世界一じゃないでしょうか。

こういう事前情報が生きたのが、カタールW杯決勝トーナメント1回戦・クロアチア戦の後半18分でした。

こぼれ球がゴールから約23メートルの距離でバウンドすると、モドリッチが走り込んでボレーシュートを放ったのです。糸を引くようなスーパーショットでした。

しかし、僕は事前分析によって隅を狙ってくることを予想していました。素早く体が反応し、ステップを踏んで横に飛び、左手でアタックしてボールを弾き飛ばしました。まさに「迎撃」できたと思います。

イングランドの「デイリーメール」紙が公式Twitter（現X）で「なんてセーブだ！」と絶賛したことをあとで知りました。自分のセーブが褒められるのは素直に嬉しいです。

いい準備が、いいプレーを生む。

その哲学の正しさが証明された場面でした。

ビッグセーブをしても ガッツポーズしない

ゴールキーパーがもしビッグセーブをしたら？

ヨーロッパや南米のゴールキーパーであれば、拳を突き上げて雄叫びを上げるといった歓喜のジェスチャーをするのが一般的でしょう。わざと相手に向かって吠えるキーパーもいるくらいです。

一方、僕のスタンスは違います。

ビッグセーブをしてもガッツポーズをしません。

まだ試合は終わっておらず、喜んでいる場合ではないと考えているからです。

カタールW杯決勝トーナメント1回戦・クロアチア戦の後半18分、モドリッチのシュートを横に飛んで止めたときもそうでした。

僕はフゥーッと息を吹きながらニコリともせず、表情を変えずに立ち上がりました。左手で弾いたボールはゴールラインを割り、すぐにクロアチアのCKがあります。そこで失点したらビッグセーブなんて何の意味もない。「次止めるぞ!」と気持ちを切り替えました。

カタールW杯グループステージ初戦・ドイツ戦の「権田の18秒」のときもそうでした。口先を尖らせてフゥーッ、フゥーッと2回強く息を吐いたあとはまったく表情を変えず、歓喜のジェスチャーは一切しませんでした。

では、ビッグセーブをしたあと、喜ぶ代わりに何をするのか。

ゴールキーパーがやらなければならないのはDFへの修正です。

誰かのミスでシュートに持ち込まれたのなら、その選手に声をかけてコミュニケーションを取ります。もし連係に問題があれば、話し合います。

これまで何度も書いてきたようにゴールキーパーは、最もメンタルが影響するポジションです。

「終了のホイッスルまで油断してはいけない」という自分へのメッセージも込めて、僕はガッツポーズをしないようにしています。

とはいえ、もちろん嬉しくないわけではないので、本音がときおり表に出てしまうことがあります。拳をぐっと握りしめる程度ですが、それをモノマネしてくれている方がソーシャルメディアでいるようです。

クロアチア戦のＰＫ戦でマルコ・リバヤのキックを読んで右に飛び、シュートがポストを直撃して外れたときは大声を出し、右拳を突き上げるジェスチャーをしました。

僕がビッグセーブ後にガッツポーズをしてしまったときは、気が付かないふりをして頂けると嬉しいです（笑）。

個人が責任を負うことに慣れる

2022年12月5日、カタールW杯決勝トーナメント1回戦。日本は前半に前田大然のゴールで先制しながらも後半に追いつかれ、PK戦の末にクロアチアに敗れて史上初のベスト8進出を果たすことはできませんでした。

PK戦において、クロアチアのゴールキーパー、ドミニク・リバコビッチ（現フェネルバフチェ）が3本を止めたのに対して、僕が止めたのは1本のみ。ゴールキーパーとして責任を感じ、試合後に涙を堪えられませんでした。

1人目：南野拓実×、ブラシッチ○
2人目：三笘薫×、ブロゾビッチ○
3人目：浅野拓磨○、リバヤ×

4人目：吉田麻也×、パシャリッチ○

僕はPK戦も想定し、グループステージ第3戦のスペイン戦からクロアチア戦までの中3日間にクロアチアのPK映像をできる限り見て、相手の特徴と癖を頭に入れるようにしました。

実際のPK戦で僕はマルコ・リバヤ（ハイドゥク・スプリト）のキックモーションを読んで相手のシュートをポストに直撃させました。事前の分析により、リバヤはあまり助走を取らず、ゆったりしたモーションで相手キーパーの動きを見て逆を突く蹴り方をするとわかっていました。僕はぎりぎりまで動かず、こちらのタイミングに持っていくことができました。

しかし、その他のキッカーについては誤算がありました。

クロアチアは延長に入るとモドリッチ（レアル・マドリー）やコバチッチ（当時チェルシー）といった主力を次々に交代させたのです。

もちろん全選手のPKを見ていたのですが、限られた時間の中で蹴る確率が高いと思われる選手を重点的に分析していました。ストライカーは交代すると想定していましたが、まさかキャプテンのモドリッチまで退くとは思いませんでした。

ＰＫ戦で感じたのは、クロアチアの選手たちのキック技術の高さです。外したリバヤ以外、全員がインステップキックで蹴ってきたのです。

インステップは足の甲で蹴る方法で、他の蹴り方に比べて強いボールを蹴られる利点があるのですが、コントロールが難しいというデメリットがあります。インフロントキックやインサイドキックの方が、ボールをふかすといったミスの発生率を抑えられます。

にもかかわらず、クロアチアの４人中３人がインステップだった。

インステップだと速いボールを蹴られるだけでなく、ほぼ同じモーションから最後に当てる位置を調節するだけで左と右に蹴り分けられます。

ゴールキーパーとしてこういうレベルの高いキックに対応するには、セービングのスピードを上げる必要があると感じました。

僕は試合前、対戦相手のゴールキーパーの練習を見る習慣があります。カタールＷ杯初戦でドイツと対戦したときは、ノイアーのウォーミングアップをさりげなく見ていました。

その際に驚かされたのはノイアーのスピードです。セービングで横に飛ぶ動きのスピードがシンプルに速いんです。バネ、筋力、反射神経、いろんなものが関係していると思うのですが、とにかく速い。

ＰＫ戦でクロアチアのようにインステップで蹴ってくるキッカーには、ノイアーのようにセービングスピードを上げなければならないと思いました。

たとえば所属クラブの日々のウォーミングアップで、ゴールキーパーコーチが斜め方向に蹴ってキーパーが飛んでキャッチするというメニューがあったとしましょう。キーパーとしてはどちらにボールが来るかわかっているので、コーチが蹴る前に倒れても構いません。

でも僕はスピードを上げるために、しっかり構えてから、蹴られた瞬間にギュンッと飛ぶことを心がけるようになりました。

そしてもう一つクロアチアとのＰＫ戦で印象に残っているのは、彼らの余裕たっぷりの態度です。２０１８年ロシアＷ杯において二度ＰＫ戦を制して勝ち上がった経験もあるのでしょう（決勝トーナメント1回戦・デンマーク戦と準々決勝・ロシア戦）。

クロアチアの選手がＰＫスポットに向かう際、まるで公園を散歩しているかのようにリラックスして見えました。

僕は目が泳いでいる選手がいないか、チェックしていました。そういう選手は思いっきりバンと蹴ってくるからです。しかし彼らはプレッシャーなど感じてないかのように「普通」でした。

クロアチアは一人一人が責任を負い慣れている——。

そう感じました。


チームスポーツにおいてはチームワークが勝敗の鍵を握りますが、ＰＫ戦のような1対1の戦いでは個人の責任がよりクローズアップされます。これから日本がW杯のトーナメントで勝ち上がっていくには、日本サッカー全体として今まで以上に「個人が責任を負う」ことに慣れていかなければならないと思います。

みなが見落としていることを探す

カタールW杯の期間中、僕は心がけていた行動があります。

それは「グループが見落としていそうなことを探す」ということです。

カタールW杯の森保ジャパンにはチームワークを尊重しながら自己主張できるメンバーがそろっていました。

キャプテンの吉田麻也、W杯4大会連続参加の川島永嗣さんと長友佑都さん、スペインでプレーしていた柴崎岳、リバプールで経験を積んだ南野拓実、戦術眼に優れてポルトガルでマエストロと呼ばれる守田英正、リオ五輪キャプテンの遠藤航、VEFA優勝で勢いに乗っていた鎌田大地、東京五輪世代の板倉滉、三笘薫、堂安律、田中碧、冨安健洋、久保建英……。みなで戦術の話をしたら何時間あっても足りません（笑）。

僕も清水エスパルスではものすごく主張するタイプですが、そうしたいからというわけではなく、それが最もチームに必要だと考えたからです。

森保ジャパンにおいては自己主張できる選手がそろっていたので、むしろ自分はその逆の役割を果たすべきだと考えていました。

あえてグループの感情の逆に立ち、みなが見落としていることを探すという役割です。

たとえば、スペイン戦のハーフタイムにコーチングスタッフにこう伝えました。

「1点リードされていますが、みながイケイケになってきたので絶対に追い付けると思います。ただ、同点になったときにフッと力が抜けてしまうかもしれない。そこで崩れないように注意した方がいいかもしれません」

僕たちの頭にはドイツ相手に逆転勝利した残像が残っていて、0対1になっても「まだいける」という勢いがありました。

ただ、同点でも構わなかった初戦のドイツ戦に対して、第3戦のスペイン戦はグループステージ突破のために勝利が不可欠でした。同点にできたとしても、2点目がなかなか取れなかったときに焦りが生まれないか心配だったんです。

僕の心配は杞憂《きゆう》に終わり、2点目までに時間がかからず、後半3分と後半6分にそれぞれ律と碧がゴールを決めて勝負をひっくり返しました。日本の勢いがスペインを飲み込んだのです。


それでも最後尾に立つゴールキーパーとして、みながイケイケになっているときに冷静に状況を見ていたことは無駄ではなかったと考えています。


ちなみにあまり話題にならなかったですが、日本の2点目は僕のFKから始まりました。

後半6分、僕は伊東純也が右サイドの高い位置でフリーになっているのを見て、そこに対角線のロングパスを出しました。

スペインのシステムが4－3－3だったのに対して、日本は後半から3－4－2－1に変更していました。僕は噛み合わせ的にウイングバックの純也のところが空くと事前に予想していたのです。

純也が見事に収めてくれて、近くの碧にパス。碧からパスを受けた律が、縦にしかけて右足でクロスを上げます。そのボールを薫がぎりぎりで折り返し、みながつないだボールを碧が押し込みました。

「三笘の1ミリ」に全部持っていかれましたが、一応、起点は僕だったんです(笑)。

冷静に分析してピッチを見渡していたからこそ、フリーになっていた純也を見つけられたと考えています。

ベテランを大事にする

僕がグループの感情の逆を考えるようになったのには、ある経験が関係しています。控えゴールキーパーとして臨んだ2014年ブラジルW杯です。

アルベルト・ザッケローニ監督率いる日本代表「ザックジャパン」は、歴代最強の呼び声高いチームでした。

遠藤保仁、川島永嗣、長谷部誠、岡崎慎司、本田圭佑、長友佑都、吉田麻也、内田篤人、香川真司、大迫勇也……（敬称略）。

2013年6月のコンフェデレーションズカップではイタリアと3対4という打ち合いを演じ、同年10月にはベルギー開催の親善試合でオランダと2対2で引き分け、ベルギーに3対2で勝利しました。

圭佑くんが先頭に立って「W杯優勝」という目標を掲げ、自分たちなら勝てるという一体感に包まれていました。

圭佑くんが「絶対うまくいくから」と言うと信じられちゃうんですよね。佑都くん、岡ちゃん、真司も向上心があり、野心に溢れたチームでした。


しかし、2014年W杯では厳しい現実を突き付けられます。

初戦のコートジボワール戦は圭佑くんのゴールによって幸先のいいスタートを切れたのですが、後半にだんだんピッチに重苦しい空気が漂い始めます。コートジボワールは後半17分のディディエ・ドログバの投入によって一気にギアを上げ、日本は後半19分からの2分間に立て続けに失点してしまいました。

4年に一度のW杯は、メンタル的にも体力的にも100%以上の力が出る大舞台です。だから前半からテンポをコントロールせずに戦うと、後半のどこかでエネルギー切れになってしまうのかもしれません。そうなってしまうと、苦しいとき、相手を押し返したいときに力を出せません。

当時、僕は控えにすぎませんでしたが、プレーのテンポと勢いをコントロールする大切さを痛感しました。

日本は初戦を1対2で落とし、続くギリシア戦は0対0の引き分け。3戦目にコロンビアに1対4で敗れ、1勝もできないままブラジルの地を去ることになってしまいました。


今考えると、年齢バランス的に若すぎたのかもしれません。

2012年ロンドン五輪のメンバーが台頭し、2013年くらいから山口蛍や大迫勇也が選ばれ、チームはさらに勢いが増しました。

世代交代とは言えないまでも、確実に先発の平均年齢が下がりました。蛍が先発になってヤットさん（遠藤保仁）がベンチになり、サコ（大迫）や柿谷曜一朗がセンターFWを務めるようになって前田遼一さんが外れるようになりました。

遼一さんはものすごく自己犠牲の精神がある選手で、センターFWでありながらめちゃくちゃ守備をするんですよ。強豪相手に点を取れなかったとしても、ハードワークという点ではずば抜けていた。

キャプテンの長谷部誠さんがイケイケのムードにブレーキをかけようと頑張っていま

したが、一人でやれることは限られています。ゲームを落ち着かせたり、バランスを取ったりするベテランが減ったことが、最終的にチームの脆さにつながったと感じています。

過去のW杯を振り返ると、フィリップ・トルシエ監督は2002年日韓W杯で中山雅史さんと秋田豊さんというベテランを最後の最後にチームに組み入れました。岡田武史監督は2010年南アフリカW杯で川口能活さんを最終的にチームキャプテンに指名しました。

2022年カタールW杯も、永嗣さん、佑都さん、麻也、酒井宏樹ら頼りになるベテランがそろっていました。宏樹はそんなに口数は多くないんですが、ちょっとしたときに「大丈夫、俺が何とかするから」と責任を引き受けてくれる。安心感がすごかったです。

チームという車にはアクセルだけでなく、スピードを調節するブレーキも必要です。

ミュラーに学ぶしゃべる力

２０２２年カタールW杯後、ありがたいことに小学生たちの前でスピーチする機会が増えました。子供たちから最もよく聞かれるのは「W杯で誰が一番すごかったですか？」という質問です。

日本が対戦したチームには、ギュンドアン、ハバーツ、ムシアラ、モラタ、ロドリ、ペドリ、ガビ、モドリッチら世界トップクラスの選手がたくさんいました。

僕の答えは意外かもしれません。

カタールW杯で最も驚かされたのはドイツ代表のトーマス・ミュラーです。試合中にまるで拡声器かのようにしゃべり続けていたからです。

カタールW杯初戦の前半、ドイツが攻め続けたこともあり、ミュラーはずっと日本のペナルティエリアの近くをうろうろしていました。僕のところにも声がよく聞こえてきました。ちなみに僕はオーストリアで1年プレーしていたので、ドイツ語を多少理解することができます。

ミュラーがすごいのは、チームメイトに「あいつを見ろ」、「今ここにスペースがある」と指示を出して、攻撃を司っていたことです。

「自分にパスを出せ」と叫ぶ選手はよくいますが、ここまで声で司令塔になれる選手は初めて見ました。

もちろんミュラーは指示するだけでなく、どんどんボールに絡んでいきます。周りに声をかけ、自分が3人目の動きをしたときにきちんとパスが来るようにできるんです。

3人目の動きというのは、パスの出し手、受け手ではない3人目がアクションを起こして、出し手→受け手→3人目という連係でパスを受けることです。

たとえばギュンドアンがボールを持っているときに、ミュラーが「ムシアラに出せ！」と叫び、ギュンドアンからムシアラにパスが出た瞬間に近づき、落としのパスをもらうという感じです。

トップクラスで活躍し続けられるのは、ポジショニングがいいだけでなく、しゃべり続けているからなのか――。

ミュラーの真のすごさを知りました。


ミュラーはドイツで「ラジオ・ミュラー」と呼ばれているそうです。

ロッカールームやホテルでずっとしゃべり続けているからだそうですが、ピッチ内でもそれは同じというわけです。

日本人選手はしゃべらないで黙々とやる傾向がありますが、サッカーはコミュニケーションのスポーツです。発信しながら周りを動かせるようになると、さらに日本人選手の賢さをピッチで生かせるようになるでしょう。

一般の会社や組織にとっても大事なことなのではないでしょうか。

メッシやネイマールも魅力的な選手ですが、日本の子供たちにはぜひミュラーに注目してみてほしいです。

第4章

仕事とモチベーションの変人力

レガシーを残したいと思うと自分が変わる

２０２３シーズンを終えたあと、人として成長するうえでターニングポイントになったことがありました。

僕と清水エスパルスの契約はあと1年残っていたのですが、エスパルスから「1年後に契約を更新する意思はない」と告げられたのです。僕にとって２０２４年がエスパルスのラストイヤーになることが決まった瞬間でした。

「1年も前に退団が決まって全力でプレーできるのか？」と疑問に思う方もいるかもしれません。実際、２０２４シーズン最終節後のセレモニーでこの話をしたところ、ネットニュースに「異常な事態」として大きく取り上げられました。

ただ、僕からしたら意外な反応でした。

1年後の退団が決まっていたとしても、それまではエスパルスの一員なのです。プロ選手として、すべてをクラブに捧げることに何の迷いもありませんでした。

むしろ僕は「あと1年しかいられない」と思い、クラブにレガシーを残したいと考えました。

2025年以降、自分はもうエスパルスに関われない。ならば自分がいなくてもクラブがうまく回るように人材育成やチーム文化構築に貢献したいと考えたのです。

そんなことは無理だと言われるかもしれません。

身の程知らずの考えかもしれません。

しかし、この想いは着実に僕を成長させてくれました。

どうしたら若手に意識を高く持ってもらえるか。マネジメントのヒントを学ぶためにビジネス映像メディア『PIVOT』を見たり、本を読んだりしました。

すると自分に変化が現れたのです。

サガン鳥栖時代に一緒にプレーし、エスパルスで再びチームメイトになった高橋祐治からこう言われました。

「ゴンちゃん、丸くなりましたね。昔はもっと尖っていましたよ」

2024シーズン、エスパルスはJ2で優勝を果たして3年ぶりにJ1に復帰しました。J1からJ2へ落としてしまったときのキャプテンとして最低限の仕事をできたと思います。

レガシーを残せたかはわかりません。

僕の自己満足の可能性もあります。

ただそれでもレガシーを残そうと強く思ったことで僕自身が変わったことは間違いありません。

「自分の代弁者」をつくる

２０２１年に清水エスパルスに加入したとき、ゼネラルマネージャー兼サッカー事業本部長だった大熊清さんからこんなアドバイスを受けました。

「全部自分でやるなよ」

当初はその言葉の意味がわからなかったのですが、エスパルスのラストイヤーにようやく理解できるようになりました。

僕が若手に対してあれこれ口を出しても、年齢も実績も異なります。「権田さんの時代はそうだったかもしれないけれど……」とまったく響かない可能性があります。世代の壁という言葉は好きではありませんが、サッカーチームにおいてもジェネレーションギャップはあると思いました。

僕が直接アプローチしているだけでは限界があります。

そこで僕は「自分の代弁者」をつくることにしました。

たとえば遅刻癖がある若手がいたとしましょう。僕が直接注意せず、その若手と仲がいい中堅選手から「せっかく力があるのに遅刻でイメージを落としたら損だよな。同じミスを繰り返さない方がいいよな」と伝えてもらうんです。

もちろんすぐには変わらないので、中堅選手に継続して働きかけてもらいます。

僕の中で「あの若手にはあの中堅」という感じで勝手に担当を割り振っていました。


このアプローチを思いつくきっかけになったのは、ビジネス映像メディア『PIVOT』に株式会社サイゼリヤの堀埜一成元社長が出演した回です。

堀埜さんによると、イタリアンファミリーレストラン「サイゼリヤ」では、アルバイトの人たちを非常に大切にしているそうです。

アルバイトの人が辞めずに長い年数働いてくれたら、新人研修が減りますよね。また、ベテランスタッフには新人にノウハウをアドバイスできるという利点があります。それによって新人研修の工程をさらに短縮できます。

こういう経営努力によって、サイゼリヤはお手頃価格で料理を提供できているそうです。

この動画を見て「中堅が若手に教えられたらチームとしてすごくうまくいく」と思いました。

２０２４年10月27日、エスパルスはアウェーで栃木に勝利し、Ｊ１への昇格を確定させました。

僕は数日前の練習で脳震盪を起こしてしまい、この試合に帯同できませんでした。それまで２０２４年のＪ２全試合に先発してきただけに、会場に行けなかったのはすごく悔しかったです。

ただ、昇格決定に加えて一つ嬉しかったのが、キャプテンの北川航也が後半37分に報復行為で一発退場になったとき、高橋祐治が「もしゴンちゃんだったら何て声をかけてくれるかな」と考えてくれたことです。

祐治が清水に戻ってきてから、「ゴンちゃんだったら何て声をかけるかを考えて、航也に『退場は良くないけど、今シーズンここまでやってきたんだから』と声をかけたんですよ」と教えてくれました。

レガシーを残したいと思って1年間取り組んできたので、祐治がそう考えて行動してくれたことがすごく嬉しかったです。

僕はエスパルスを去りますが、祐治がいれば大丈夫。彼がチームを引っ張ってくれるはずです。

コーチングは
コミュニケーション

イングランドのスカウト情報サイト『PLAYER SCOUT』には、ゴールキーパーに求められる能力・資質について次のように書かれています。

＊＊＊＊＊

スカウトはゴールキーパーに何を求めるでしょう？　ゴールキーパーはピッチ上で最も孤独なポジションです。ミスをしたらほぼ失点につながります。すなわちゴールキーパーには並外れたメンタルタフネスと集中力が必要です。

スカウトがゴールキーパーに求める特性は次の通りです。

・空中戦の強さ

・ペナルティエリアでのコマンド（指令）
・DFとのコミュニケーション
・意思決定
・パスの配給
・優れた反射神経
・ボールハンドリング
・1対1の強さ
・ポジショニング
・シュートストップ

＊＊＊＊＊

ゴールキーパーに必要な特性がほぼ網羅されていると思うのですが、この中で一つだけ違和感がある表現があります。

それはコマンド（指令）。

僕は「コーチングはコミュニケーション」と考えているからです。

コマンドという表現をすると「上がれ、下がれ」、「右に行け、左に行け」という感じで人を動かすイメージがあると思います。

僕もプロになる直前まではそう考えていました。

ただ、当時のFC東京の第1ゴールキーパーだった土肥洋一さん（現在横浜FCゴールキーパーコーチ）を見て考えが変わりました。土肥さんは試合中にDFたちに指示を出すという感じではなく、会話をしながらプレーしていたんです。

すごくいいなと思いました。それ以来、「コーチングはコミュニケーション」と考えるようになりました。

さらに自分がFC東京で出るようになると、「試合中のコミュニケーション」は「普段のコミュニケーション」にかかっていることに気がつきます。

観客数が4万人、5万人になると、いくら叫んでも声は届きません。会話をしなくても互いにどう動くかがわかっている状況をつくる必要があります。

普段から目線をそろえておかなければなりません。

コミュニケーションの取り方は相手によって変えます。自分から「こうするのはどうか」と提案する場合もあれば、「どうした方が守りやすい？」と聞く場合もあります。

たとえばクロスの守り方はＤＦによって得意なやり方が異なります。しっかり体を付けてマークを取るのが好きな人もいれば、距離を空けておいて最後に点で合わせるのが得意な人もいる。マークを持たずに立っておいてすべてのボールに行きたいという人もいます。

キーパーのやり方を押し付けてしまうと、彼らの良さが出づらくなってしまう可能性があります。

一方的にコーチングをすると「伝える側」は楽ですが、「受け取り側」はやりづらさを覚えているかもしれません。何か反論があっても口に出すのは簡単ではありません。チームが最も能力を発揮できるのは、全メンバーの長所が掛け算になったときです。コミュニケーションを取って、互いの良さを出せるように心がけています。

成功確率を上げるためにアラ探しをする

清水エスパルスにおいて、チームの発展のためにあえて嫌われ役を担っていたことを第1章で書きました。エスパルスのラストイヤーは、自分の中でさらにその度合いを強めた感覚があります。

2024シーズン、僕はことあるたびに「ただJ1に昇格するだけじゃダメです。J1で優勝争いをできるチームとして上がりましょう」と監督やコーチングスタッフに訴えていました。

努力の質は目標によって変わります。

ただ単にJ1昇格を目指すのと、昇格1年目から優勝を目指すのとでは、努力の質が変わってきますよね？　さらに言えば、ＡＣＬ優勝のための努力とクラブＷ杯優勝のための努力も違います。

だからラスト1年、成功確率を上げるために徹底的にアラ探しをしようと考えました。試合に勝ってロッカールームの空気が緩んでいたら「次は相手が研究してくるから甘くないぞ」と警鐘を鳴らし、ミーティングで監督と意見が異なれば、その場で手を挙げて発言しました。

もちろん秋葉忠宏監督に失礼になってはいけないので、当初、何か意見があるときは監督室のドアを叩き、直接1対1で伝えていました。するとラストイヤーのあるとき秋葉監督が「ミーティングの場で質問をぶつけてくれて構わない。その方がみなに共有できる」と言ってくれたんです。

僕の中で「秋葉監督はエスパルスで遠慮しているのかもしれない」と感じたのは、2023年のＪ2最終節の水戸戦でした。水戸は秋葉監督がその前年まで率いていたチームです。

エスパルスは勝てば自力でＪ1復帰が決まる状況でしたが、その重圧が硬さを生み、

17位の水戸に先制を許してしまいます。終盤に1点を返しましたが、1対1の引き分けで終了。エスパルスは自動昇格を逃し、昇格プレーオフに回ることになってしまいました。

結局、エスパルスはプレーオフ決勝で東京ヴェルディと1対1で引き分け、あと一歩のところでJ1昇格を逃してしまいました（引き分けの場合はシーズン順位が上のクラブが昇格するというレギュレーションがあります）。

最終節で僕が驚いたのは、水戸の躍動感のあるプレーでした。

「きっと秋葉監督はああいうサッカーをやりたいんだ。もしかしたら秋葉監督はエスパルスでやりたいことができていないのかもしれない」

水戸戦後にそう気がつきました。

水戸とエスパルスはチーム構成が違います。

前者が若手中心なのに対し、後者には僕や乾貴士のようなW杯経験者や高年俸の外国籍選手がいる。マネジメントの難易度が格段に上がります。

実際、水戸からエスパルスに来た選手に聞くと、秋葉監督は気を遣っているように見えると言っていました。

このままではチームも監督も持っている力を発揮しづらい。

僕はもともと遠慮していないつもりでしたが、ラストイヤーとなった2024年にはさらに踏み込んで監督とコミュニケーションを取るようにしました。

秋葉監督にとっては、面倒な存在だったかもしれません。

余計なマネジメントの仕事を増やしてしまったかもしれません。

それでも僕はやれることをやらなきゃ後悔すると考えて、チームのアラ探しを続けました。

2024シーズン、エスパルスはJ2で優勝してJ1に復帰しました。

これからJ1で大きな飛躍をしてくれると信じています。

今後、選手たちが苦しいときに「そう言えば、ゴンちゃんがあんなことを言っていたな」と思い出してくれたら本望です。

事前の仕込みが物をいう

試合でリードしているとき、あの手この手で時計を進める「時間稼ぎ」はマリーシア（ポルトガル語で「ずる賢さ」の意味）の一つです。

試合終盤になってリードしていたら、一か八かでリスクを冒して攻めてくる相手の勢いをいなさなければなりません。そういうときに「時間稼ぎ」は欠かせない戦略です。

ただし、露骨な「時間稼ぎ」はイエローカードの対象になります。ゴールキーパーはルール内で創意工夫し、退場しないように知恵を巡らさなければなりません。

マリーシアは事前の仕込みが大事だと僕は考えています。

たとえば、試合終盤にリードしているとき、ゴールキックに20秒かけたかったとしましょう。

準備をせずにいきなりその手段を用いたら、高い確率で主審からイエローカードをもらいます。そこで僕がその手段を用いたい場合は、「試合開始から一貫してゴールキックに20秒かける」という仕込みをするようにしています。

試合終盤に実際にゴールキックに20秒かけて主審から注意されたら、「え、最初からずっとこれくらいの時間でやっていますよ。なぜ前半にカードを出さなかったんですか？」と答えます。

前半と同じことをしていたら、主審はカードを出しようがありません。

さらに相手ベンチが野次を飛ばしてきたら、こっちのものです。「最初からやってますよ」と主審に説明することで、10秒くらい時間をかけられます。相手のベンチからの野次は、僕にとっては主審と話して時間をかけるチャンスなんです。

また、ゴールポスト裏のボールボーイの位置を確認しておき、わざとボールボーイがいない側にボールを受け取りに行くこともあります。「あ、間違えた」という感じで踵を返して正しい側に行く。これで数秒は稼げます。

ゴールキックの際、わざとボールを持っていないボールボーイ付近にロングキックを蹴り出すという手法があります。流れの中でボールボーイにボールが戻っていないことがよくあるんですね。その付近にボールを大きく蹴り出すと、相手はすぐにスローインをできません。数秒の差かもしれませんが、その積み重ねが最後に大きな差になります。

こういう思考をしているので、逆に相手のゴールキックもチェックします。試合開始から相手キーパーのゴールキックの秒数を計るんです。エスパルス相手なら引き分けでOKと考えるチームが多く、ボトルの水を飲むなど、前半から結構露骨に時間稼ぎをしてきます。

そこで僕は相手ゴールキックの秒数をカウントし、それが30秒だったとしたら、ハーフタイムでロッカーに戻るとき主審に「相手が30秒なので、試合終盤に僕が30秒かけてもイエロー出さないでくださいね」とお願いします。

僕はわざと痛いふりをしてピッチに倒れ込むということはしないので、時間稼ぎのイメージがないかもしれませんが、実はさりげなくさまざまな手を実行しているんです。マリーシアには事前の仕込みが大事です。

「良い朝を」の一言でモヤモヤをリセットする

僕は外国語を勉強するのが好きです。他国の人とコミュニケーションを取れるようになるだけでなく、日本語にはない考え方に出会えるからです。

たとえば、朝の挨拶。

「グッドモーニング（英語）」「ボンジョルノ（イタリア語）」「グーテンモルゲン（ドイツ語）」「ボンジーア（ポルトガル語）」「ドブロユートロ（クロアチア語）」……。

直訳すると「良い朝を」や「良い1日を」という意味で、「あなたが良い朝や1日を過ごすことを願っています」というポジティブなメッセージが込められた挨拶です。

いわば人間関係を円滑にするマジックワード。たとえば僕がポルトガルでプレーしていたとき、練習中にたびたびケンカが起こっていたんですが、それが後を引くことは稀でした。翌日になったら当事者同士も目を見て「ボンジーア」と挨拶を交わし、わだかまりをリセットしていたからです。「日が昇って新しい1日が始まったら気持ちを切り替えて前を向く」という姿勢が染み付いているのだと思います。

すごく素敵な習慣だと思いました。僕もそれを見習い、日本で「おはようございます」と言うときに「良い1日を」という願いを込めて挨拶するようになりました。

日本には本音をぶつけ合う習慣があまりなく、ディスカッションをしたり、厳しい指摘をしたりすると、翌日以降に気まずさが残ることがありますよね。

そんなときこそ「良い1日を」の出番です。僕は前日に何があろうと相手の幸せを願って「おはようございます」と言うことを心がけています。

朝から明るく挨拶すると、自分自身も前向きになれる。ぜひ「良い1日を」という魔法の一言を試してみてください。

終わり良ければすべて良し

日本代表の試合前、森保一監督はよくこう訴えていました。

「どんな展開になっても、我々が最後に勝っていればいい」

たとえ一時的にリードを許したとしても、終了のホイッスルが鳴った時点で勝っていればいいという森保イズムです。一時的に苦しい展開になっても耐えていれば、必ず反撃のチャンスが訪れる。２０２２年カタールW杯のドイツ戦とスペイン戦において、日本は見事にそれをピッチで体現しました。

「最後に勝っていればいい」という考え方は、試合だけでなく、ポジション争いやクラブの移籍、ひいては人生についても同じことが言えます。

誰にだってピンチや苦しい時期は訪れます。失敗だってするでしょう。でも、最終的に「成功」に辿り着ければすべてＯＫ。大事なのは、自分を見失って「できないこと」をするのではなく、「できること」に１００％の力を出して前へ進み続けること。

僕はこの考え方をこう呼んでいます。

「終わり良ければすべて良し」

無所属になるのを覚悟で清水エスパルスを退団して海外移籍を志したのも、最後に輝いていればいいと考えているからです。

自分のキャリアを振り返ってみると、諦めないことの大切さをあらためて認識させられます。

オーバートレーニング症候群になって２０１６年にオーストリア３部のクラブへ移籍したとき、その6年10カ月後にＷ杯に出るという未来を誰が予想したでしょうか。

引退していてもおかしくなかった人間が、Ｗ杯の舞台に立ってドイツやスペインに逆転勝利を飾る一員になったのです。奇跡と言ってもいいかもしれません。

ただし、僕のキャリアはまだまだ終わりではありません。

本書で何度も触れてきたように、僕は2026年北中米W杯までに日本代表に復帰して、メンバー入りすることを本気で目指しています。

現役選手である以上、日本代表を目指すのが当然。いつ呼ばれてもすぐに戦術にフィットできるように日本代表の試合はすべてフル視聴しています。

今、日本代表の第1ゴールキーパーは、セリエAのパルマでプレーする鈴木彩艶が務めています。僕は子供の頃からセリエAが大好きで、今でも憧れているリーグです。その舞台でレギュラーとして活躍する姿を見て、羨ましいという気持ちとともに尊敬の念を抱いています。日本人のゴールキーパーはまだUEFAチャンピオンズリーグに出場したことがありません。彩艶はそれを達成できるポテンシャルを秘めています。

ただし、いくらすごいゴールキーパーがいたとしても、僕は挑戦を諦めるつもりはありません。僕が代表のレギュラー争いに加わることで彩艶もさらにレベルアップすると思いますし、他のゴールキーパーだってW杯のピッチを目指しているはずです。

諦めなければ、誰にだってチャンスがある。

これからも「終わり良ければすべて良し」を目指し続けます。

業界の未来に貢献する

僕には大きな目標が三つあります。
世界一のゴールキーパーになること。
日本代表に選ばれてW杯優勝に貢献すること。
そして、日本におけるサッカーの価値を高めることです。

日本におけるサッカー価値を高めたいという気持ちがさらに強まったのは、カタールW杯の大会中でした。日本全体が一つになるような応援を感じ、その盛り上がりを一過性のものにせず、日本サッカーの未来につなげたいと思ったんです。
クロアチア戦の敗退後、キャプテンの吉田麻也は選手たちに「熱が冷めるのは一瞬。熱を絶やさないようになるべくたくさんメディアに出よう」と呼びかけました。

僕は心から賛同し、帰国後、声をかけてもらった番組にはほぼすべて出演しました。ニュースや情報番組だけでなく、『行列のできる相談所』や『帰れマンデー見っけ隊‼』といったバラエティー番組にも出させて頂きました。

番組のディレクターから「正直言いますと、他の選手に断られて、オファーさせて頂きました」と打ち明けられたことは一度や二度ではありません（笑）。

実は僕は静岡第一テレビの情報番組『まるごと』に、2022年4月から月に1回のペースでコメンテーターとして出演させて頂いています。W杯後にさまざまなタイプの番組に適応できたのも、『まるごと』の生放送の経験が大きかったです。

今でも僕は積極的にテレビ出演を続けています。たとえば『ワイドナショー』に2023年9月に初出演し、それ以降も計2回出演しました。

なぜサッカー選手が時事ネタを語るのか？

サポーターからサッカーに集中しろという声が届きましたし、クラブも批判の声が聞こえてくるので好ましく思っていなかったでしょう。それでも出演するのは、サッカーにあまり興味のないライト層にアプローチできる貴重な機会だからです。

僕は日本サッカー界に育ててもらった選手であり、恩返しをしたいと強く思っています。少しでも日本サッカー界が盛り上がるように、少しでもJリーグのスタジアムに足を運ぶ人が増えるように貢献したいと考えています。

ピッチ内で全力を尽くすのは当然で、ピッチ外でも自分にやれることをやりたいんです。

2024年5月、僕は公益財団法人ドナルド・マクドナルド・ハウス・チャリティーズ・ジャパン（DMHC）の「Team DMHC アンバサダー」に就任しました。チームメイトのお子さんの入院をきっかけにハウスの存在を知り、個人的に訪問や支援活動をしていたところ、声をかけて頂いたんです。

DMHCは病気の子供とその家族が安価に利用できる滞在施設で、全国に12カ所あります。これからも訪問と支援をしていきたいと思います。

サッカーの価値を高める。

僕にとって生涯のミッションです。

おわりに

２０１２年ロンドン五輪前のことです。僕はＵ23日本代表に選ばれ、当時所属していたＦＣ東京の練習場で毎日のようにインタビューに答えなければなりませんでした。１日に４社から受けた日もあったほどです。正直に言うと、取材疲れを感じていました。

そんなある日、ＦＣ東京の阿久根謙司社長（当時）からこう声をかけられたんです。

「取材は自の考えを整理する絶好の場で、自分が気付いていなかったことに気付くこともある。こんな貴重な機会はないぞ」

はっと目の前が開けました。

質問を受けて自分の言葉で説明するプロセスを繰り返すと、どんどん考えがクリアになります。自分を客観視するきっかけにもなる。つまり取材は自己練磨のチャンス。阿久根社長のアドバイス以降、取材の場に感謝するようになりました。

人は人とのつながりで生きている。当たり前のことなんですが、あらためてその事実に気がつきました。今の権田修一があるのは、監督、コーチ、スタッフ、チームメイト、ファン・サポーター、スポンサー、対戦相手、そして家族。関わってくれた人たちのおかげです。この場を借りてすべての人に感謝を申し上げます。

みなさんもその一人です。本をきっかけにいつかどこかで読者の方たちとつながる機会があると期待しています。本書を手に取って頂き、本当にありがとうございます。

さて、本書を締めくくるにあたって裏話を一つ。チームメイトから「ゴンちゃん、変わっている」と初めて言われたときに驚いたように、今回「変人力」というタイトルを編集者から提案されたときは「そんなタイトル嫌だ！」と抵抗感を覚えました（笑）。ただ、マネジメントを任せている神田康範さんから「すごくいいと思うよ」と言って頂き、自分なりにこの言葉を噛み砕いていくうちに、サッカーの現場だけでなく、日本社会全体で求められている能力だと考えるようになりました。

僕がイメージする変人とは「個性を輝かせられる人」。誰もが変人力を身に付けた先にあるのは、誰もが個性を発揮できる社会。もはや変人という概念が必要ない世界です。

僕のような「隠れ変わり者」のみなさん、一緒に変人力を発揮していきましょう！

権田修一（ごんだしゅういち）

1989年3月3日生まれ。神奈川県出身。元日本代表ゴールキーパー。アンダー世代から日本代表として活躍し、FC東京、SVホルン（オーストリア）、サガン鳥栖、ポルティモネンセ（ポルトガル）、清水エスパルスといったクラブで活躍。2022カタールワールドカップ初戦のドイツ戦でスタメン出場を果たし、川口能活、楢崎正剛、川島永嗣に次いでゴールキーパーとしてワールドカップに出場した史上4人目の日本人となった。

Instagram　@shuichi33g

変人力

常識を飛び越えて成功を掴む45の思考

2025年4月10日 初版発行

著者　権田修一
発行者　髙橋明男
発行所　株式会社ワニブックス
〒150-8482　東京都渋谷区恵比寿4-4-9えびす大黒ビル
ワニブックスHP　https://www.wani.co.jp/
（お問い合わせはメールで受け付けております。HPより「お問い合わせ」へお進みください）※内容によりましてはお答えできない場合がございます。

装丁　金井久幸（TwoThree）
構成　木崎伸也
撮影　藤本和典
ヘアメイク　林 勲（アムベステン代官山）
スタイリング　仲唐英俊
協力　神田康範
校正　東京出版サービスセンター
編集　小島一平（ワニブックス）

印刷所　株式会社光邦
DTP　有限会社 Sun Creative
製本所　ナショナル製本

ワニブックスHP http://www.wani.co.jp/
WANI BOOKOUT http://www.wanibookout.com/
WANI BOOKS NewsCrunch https://wanibooks-newscrunch.com/

ISBN 978-4-8470-7425-7